导游服务技能教学研究

刘鑫欣 ◎著

中国出版集团 现代出版社

图书在版编目（CIP）数据

导游服务技能教学研究 / 刘鑫欣著. -- 北京：现代出版社，2023.12
ISBN 978-7-5231-0658-7

Ⅰ. ①导… Ⅱ. ①刘… Ⅲ. ①导游－旅游服务－教学研究 Ⅳ. ①F590.633

中国国家版本馆CIP数据核字(2023)第233155号

著　者	刘鑫欣
责任编辑	毕椿岚

出 版 人	乔先彪
出版发行	现代出版社
地　　址	北京市安定门外安华里504号
邮政编码	100011
电　　话	(010) 64267325
传　　真	(010) 64245264
网　　址	www.1980xd.com
印　　刷	三河市宏达印刷有限公司
开　　本	889mm×1194mm 1/16
印　　张	11.5
字　　数	252千字
版　　次	2023年12月第1版　2023年12月第1次印刷
书　　号	ISBN 978-7-5231-0658-7
定　　价	78.00元

版权所有，翻印必究；未经许可，不得转载

前　言

　　导游服务是导游人员代表被委派的旅游企业接待或陪同游客进行旅游活动，并按照组团合同或约定的内容和标准向游客提供的旅游接待服务。导游服务的范围很广，吃、住、行、游、购、娱几乎无所不包，其中导游讲解服务、旅行生活服务、市内交通服务是其主要服务内容。导游服务贯穿于旅游活动的始终，是整个旅游服务中最重要的一部分，在现代旅游业中具有极其重要的地位。从旅行社角度讲，导游服务是其核心竞争力的重要组成部分，在旅行社业务中具有核心地位，也体现着旅行社的服务水平和质量。拥有优质的导游队伍，是旅行社扩大知名度、争取更多客源的有效途径。优良的导游服务对当前蓬勃发展的旅游业起着推波助澜的作用；反之，则会严重阻碍旅游业的发展。

　　本书是导游服务技能教学研究方面的书籍，主要研究导游服务技能教学。本书从导游服务的基本概念入手，主要针对导游人员、导游服务、散客旅游与团队旅游、导游人员的职业形象、导游基础理论、导游礼仪、团队导游与散客旅游服务规程、地方导游与全程导游服务规程、出境旅游领队与旅游景区讲解服务程序、散客旅游服务规程与服务质量、导游人员的语言与讲解技能、旅行社知识、旅游饭店知识、旅游景区与入出境知识、交通知识、其他相关知识等内容做了介绍，条理清晰，内容精练，重点突出，选材新颖，具有实用性、综合性，希望通过本书能够给从事相关行业的读者们带来一些有益的参考和借鉴。

　　在本书的写作过程中，得到了很多宝贵的建议，谨在此表示感谢。同时作者参阅了大量的相关著作和文献，在参考文献中未能一一列出，在此向相关著作和文献的作者表示诚挚的感谢和敬意，同时也请对写作工作中的不周之处予以谅解。由于作者水平有限，编写时间仓促，书中难免会有疏漏不妥之处，恳请专家、同行不吝批评指正。

目 录

第一章 导游服务的基本概念 ··· 1

 第一节 导游人员 ·· 1

 第二节 导游服务 ·· 13

 第三节 散客旅游与团队旅游 ·· 21

第二章 导游人员的职业形象 ··· 30

 第一节 导游基础理论 ·· 30

 第二节 导游礼仪 ·· 37

第三章 团队导游与散客旅游服务规程 ····································· 53

 第一节 地方导游与全程导游服务规程 ·································· 53

 第二节 出境旅游领队与旅游景区讲解服务程序 ·························· 70

 第三节 散客旅游服务规程与服务质量 ·································· 78

第四章 导游人员的语言与讲解技能 ······································· 88

 第一节 导游人员的语言技能 ·· 88

 第二节 导游人员的讲解技能 ·· 95

第五章 导游应变与带团技能 ··· 107

 第一节 导游应变技能 ·· 107

 第二节 导游人员带团技能 ·· 118

第六章　导游相关知识 ··· 135

第一节　旅行社知识 ··· 135

第二节　旅游饭店知识 ··· 145

第三节　旅游景区与入出境知识 ·· 148

第四节　交通知识 ··· 155

第五节　其他相关知识 ··· 165

参考文献 ··· 175

第一章　导游服务的基本概念

第一节　导游人员

一、导游人员的概念

（一）导游人员的定义

人们常说，导游是旅游业的"灵魂"。"导游"一词有两层含义：既可指导游工作、导游业务、导游接待服务，也可用作对导游工作人员的简称。

"导游人员是指依照《导游人员管理条例》的规定取得导游证，接受旅行社委派，或同游客签订合同，为旅游团（者）提供向导、讲解及其他服务的人员。"

（二）导游人员的资格获取

参加全国导游资格考试，之后取得资格证，与旅行社签订劳动合同或者在相关组织注册登记，通过全国导游公共服务监管平台申领基于智能移动端的电子导游证。

1. 参加资格证考试条件

（1）必须是中华人民共和国公民。

（2）高中（中专）以上的学历。

（3）身体健康。

（4）适应导游需要的基本知识和语言表达能力。

2. 不得颁发导游证的情况

（1）无民事行为能力或者限制民事行为能力的。

（2）患有传染性疾病的。

（3）自被吊销导游证之日起未逾3年的。

（三）导游资格证与电子导游证

1. 性质不同

导游资格证是标志某人具备从事导游职业资格的证书，电子导游证是准许某人从事导游职业的证书。

2. 颁证程序不同

前者是国家文化和旅游部或国家文化和旅游部委托各省文化和旅游局颁发的，后者是通过全国导游公共服务监管平台申领的。

这样，导游集体的三位成员（全程陪同人员、地方陪同人员和旅游团领队）分工不分家，既有协作，又有分工；既有共性，又有差异。

3. 作用不同

前者是从业资格，后者是从业许可。

导游证的有效期是3年。导游需要在导游证有效期届满前3个月内，通过全国旅游监管服务信息向所在地旅游主管部门提出申请，并提交相关材料才可以继续执业。

二、导游人员的职责

导游人员的基本职责是指各类导游人员都应予履行的共同职责。各类导游人员由于其工作性质、工作对象、工作范围和时空条件各不相同，职责重点也有所区别。但他们的基本职责是共同的，就是为游客提供良好的导游讲解和旅行服务。每位导游人员各司其职、各负其责的共同目的都是为了圆满完成整个旅游团的接待任务。目的明确、目标一致，导游人员的职责分工服务于接待任务的大局。这样，导游集体的三位成员分工不分家，既有协作，又有分工；既有共性，又有差异。

（一）导游人员的基本职责

导游人员的基本职责：

（1）接受旅行社分配的导游任务，按照接待计划安排和组织游客参观、游览。

（2）负责向游客导游、讲解，介绍中国（地方）文化和旅游资源。

（3）配合和督促有关部门安排游客的交通、住宿，保护游客的人身和财产安全。

（4）反映游客的意见和要求，协助安排会见、座谈等活动。

（5）耐心解答游客的问询，协助处理旅途中遇到的问题。

这些规定对导游人员依法行使职责起到了积极作用。在我国，全陪、地陪和领队统称导游人员，他们的工作各有侧重，所起的作用也不尽相同，但对上文中提出的导游人员的基本职责都必须履行。

（二）海外领队、全陪、地陪和景点景区导游人员的职责

一个标准的、规范的、完整的旅游接待过程应该是由全陪、地陪、领队共同参与、共同配合才能完成的。全陪是东道国组团社利益的代表，地陪是东道国接待社利益的代

表,而领队则是游客及他们所在国(地区)利益的代言人,三者代表着三个方面,维护着各自的利益。共同的目标,相同的工作对象,使他们走到了一起。

1. 海外领队的职责

海外领队是经国家旅游行政主管部门批准组织出境旅游的旅行社的代表,是出境旅游团的领导者和代言人。"高高兴兴出游去,平平安安回家来"是游客赋予领队的重要职责。因此,海外领队在团结旅游团全体成员、组织游客完成旅游计划方面起着全陪、地陪往往难以起到的作用。他的具体职责有以下几方面。

(1)全程服务,旅途向导

领队行前应向旅游团介绍旅游目的国(地)概况及注意事项;陪同旅游团的全程参观游览活动,积极提供必要的旅途导游和生活服务。

(2)落实旅游合同

领队要监督但更要配合旅游目的国(地)的全陪、地陪安排好旅游计划,组织好游览活动,全面落实旅游合同。

(3)做好组织和团结工作

领队应积极关注并听取游客的要求和意见,做好旅游团的组织工作,维护旅游团内部的团结,调动游客的积极性,保证旅游活动顺利进行。

(4)协调联络、维护权益、解决难题

领队应负责旅游团与接待方旅行社的联络工作,转达游客的建议、要求、意见乃至投诉,维护游客的正当权益,遇到麻烦和微妙问题时出面斡旋或解决。

2. 全程导游人员的职责

全程导游人员又称全陪,从游客入境到出境,全陪一直陪伴着他们。在游客心目中,全陪是东道国的代表,是旅游团在华活动的主要决策人,在导游工作集体中处于中心地位,起着主导作用。他的具体职责有以下几方面。

(1)实施旅游接待计划

按照旅游合同或约定实施组团旅行社的接待计划;监督各地接待单位的执行情况和接待质量。

(2)联络工作

负责旅游过程中同组团旅行社和各地接待旅行社的联络,做好旅行各站的衔接工作,掌握旅游活动的连贯性、一致性和多样性。

(3)组织协调工作

协调旅游团与地方接待旅行社及地方导游人员之间,领队与地方导游人员、司机等各方面接待人员之间的合作关系;协调旅游团在各地的旅游活动,听取游客的意见。

（4）维护安全、处理问题

维护游客旅游过程中的人身和财物安全，处理好各类突发事件；转达游客的意见和要求，力所能及地处理游客的意见、要求乃至投诉。

（5）宣传、调研工作

耐心解答游客的问询，介绍中国（地方）文化和旅游资源，开展市场调研，协助开发、改进旅游产品的设计和市场促销。

3. 地方导游人员的职责

地方导游人员又称地陪，是地方接待旅行社的代表，是旅游计划的具体执行者。地陪的职责重点之一是组织旅游团在当地的旅游活动并负责安排落实旅游团全体成员的吃、行、住、游、购、娱等方面的事宜；重点之二是导游讲解，这是区别于全陪的。全陪虽然也做导游讲解，但这并不是其职责的重点。就一地而言，地陪是典型的、完全意义上的导游人员，他的工作责任最大，处理的事务最多，工作最辛苦，所起的作用最关键。他的主要职责有以下几方面。

（1）安排旅游活动

严格按照旅游接待计划，合理安排旅游团（游客）在当地的旅游活动。

（2）做好接待工作

认真落实旅游团（游客）在当地的接送服务和行、游、住、食、购、娱等服务；与全陪、领队密切合作，按照旅游接待协议做好当地旅游接待工作。

（3）导游讲解

负责旅游团（游客）在当地参观游览中的导游讲解，解答游客的问题，积极介绍和传播中国（地方）文化和旅游资源。

（4）维护安全

维护游客在当地旅游过程中的人身和财物安全，做好事故防范和安全提示工作。

（5）处理问题

妥善处理旅游相关服务各方面的协作关系，以及游客在当地旅游过程中发生的各类问题。

4. 景点景区导游人员的职责

（1）导游讲解

负责所在景区、景点的导游讲解，解答游客的问询。

（2）安全提示

提醒游客在参观游览过程中注意安全，并给予必要的协助。

（3）结合景物向游客宣讲环境、生态和文物保护知识

随着旅行社业务的发展，地陪和全陪的界限不是绝对的。目前许多地方旅行社的地陪也在做全陪，中央一些旅行总社的全陪有的也在做地陪。因此全陪和地陪的划分只是相对的。但无论全陪还是地陪，其主要职责都是为游客服务。在带团过程活动期间，既是翻译，又是导游；既要组织安排游览、参观，又应照顾好游客的生活，一身多职。而每一项工作都带有服务性质，服务的内容也不限于旅游协议书上规定的条文。因此，全陪、地陪与领队只有齐心协力、精诚合作，才能圆满完成一个旅游团（游客）的接待任务。

三、导游人员的素质

具体来说，导游人员的素质可归纳为以下几个方面。

（一）良好的思想品德

在任何时代、任何国家，人的道德品质总是处于最重要的地位。中国导游人员的思想品德主要表现在以下几个方面。

1. 热爱祖国、热爱社会主义

热爱祖国、热爱社会主义是作为一名合格的中国导游人员的首要条件。第一，导游人员所从事的工作是国家社会主义建设事业的一部分，祖国培育了导游人员，为导游人员创造了良好的工作环境和发挥自己智慧与才能的条件。导游人员应该认识到这一点，摆正位置，正确对待个人、集体和祖国的关系，将工作做好。

第二，导游人员的一言一行都与祖国息息相关。正如前面所述，在海外游客的心目中，导游人员是国家形象的代表，游客正是透过导游人员的思想品德和言谈举止来观察、了解中国的。

第三，导游人员向游客介绍和讲解的内容都是祖国灿烂的文化、壮丽的河山、中国人民的伟大创造和社会主义事业的辉煌成就。没有这些丰富的内容，导游工作就成了无源之水、无本之木。

由此可见，导游人员应把祖国的利益、社会主义事业摆在第一位，自觉地维护祖国的尊严，把热爱祖国与热爱社会主义统一起来，并把这种热爱化为工作的动力。

2. 优秀的道德品质

社会主义道德的本质是集体主义，是全心全意为人民服务的精神。从接待游客的角度来说，旅行社和各接待单位实际上组成了一个大的接待集体，导游人员则是这个集体的一员。因此，导游人员在工作中应从这个大集体的利益出发，从旅游业的发展出发，依靠集体的力量和支持，关心集体的生存和发展。只有这样，导游人员的工作才能做好。导游

人员要发扬全心全意为人民服务的精神,并把这一精神与"宾客至上"的旅游服务宗旨紧密结合起来,热情地为国内外游客服务。

3. 热爱本职工作、尽职敬业

导游工作是一项传播文化、促进友谊的服务性工作,因而也是一项很有意义的工作。导游人员在为八方来客提供游客服务时,不但可以结交众多的朋友,而且能增长见识、开阔视野、丰富知识,导游人员应该为此感到骄傲和自豪。因此,导游人员应树立远大理想,将个人的抱负与事业的成功紧密结合起来,立足本职工作,热爱本职工作,刻苦钻研业务,不断进取,全身心地投入工作之中,热忱地为游客提供优质的导游服务。

4. 高尚的情操

高尚的情操是导游人员的必备修养之一。导游人员要不断学习,提高思想觉悟,努力使个人的功利追求与国家利益结合起来;要提高判断是非、识别善恶、分清荣辱的能力;培养自我控制的能力,自觉抵制形形色色的精神污染,始终保持高尚的情操。

5. 遵纪守法

遵纪守法是每个公民的义务,作为旅行社代表的导游人员尤其应树立高度的法纪观念,自觉地遵守国家的法律、法规,遵守旅游行业的规章,严格执行《导游服务规范》,严守国家机密和商业秘密,维护国家和旅行社的利益。对于提供涉外导游服务的导游人员,还应牢记"内外有别"的原则,在工作中多请示汇报,切忌自作主张,更不能做违法乱纪的事。

(二)渊博的知识

旅游的本质就是一种追求文化的活动。随着时代的发展,现代旅游活动更加趋向于对文化、知识的追求,人们出游除了消遣外,还想通过旅游活动增长知识、扩大阅历、获取教益,这样就对导游人员提出了更高的要求。实践证明,导游人员的导游讲解和日常交谈,是游客特别是团体游客获取知识的主要来源。为了适应游客的这种需要,导游人员要知识面广,要有真才实学。导游人员只有以渊博的知识做后盾,讲解时才能做到内容丰富、言之有物。

实践证明,丰富的知识是搞好导游服务工作的前提。导游人员的知识面越广、信息量越大,就越有可能把导游工作做得有声有色、不同凡响,就会在更大程度上满足游客的要求,从而使游客满意。渊博的知识是成为一名优秀导游人员的必要条件之一。

导游知识包罗万象,下面就是导游人员必须掌握的知识体系。

1. 语言知识

语言是导游人员最重要的基本功,是导游服务的工具。"工欲善其事,必先利其器。"导游人员若没有过硬的语言能力,就根本谈不上优质服务。这就是说,导游人员若没有扎实的语言功底，就不可能顺利地进行文化交流，也就不可能完成导游工作的任务。而过硬的语言能力和扎实的语言功底则以丰富的语言知识为基础。这里所说的语言知识包括外语知识和汉语（或少数民族语言知识）。

涉外导游人员至少应掌握并熟练运用一门外语，最好掌握两三门外语。掌握一门外语，了解一种外国文化，有助于接受新思想、新观念，开阔眼界，在传播中外文化中做出贡献。

导游讲解是一项综合性的口语艺术，要求导游人员具有很强的口语表达能力。导游人员的口语艺术应置于丰富的知识宝库之中，知识宝库是土壤，口语艺术是种子，二者结合才能获得收成——良好的导游效果。

目前，我国已形成了一支具有相当规模、会世界各主要语言的导游队伍，他们承担着接待中国游客和世界各国不同层次、不同文化水平游客的任务。诚然，他们中大多数人语言水平较高，能适应工作的需要，但也有的人语言表达能力较差，存在不少问题，需要进一步提高。目前绝大多数导游人员只会一种语言，会双语的人为数不多，懂多种语言的导游人员更少。这种情况不仅不能适应我国旅游业发展的需要，也不能顺应当今世界导游人员朝多语种方向发展的潮流，应当引起我们的重视。

2. 史地文化知识

史地文化知识包括历史、地理、民族、风俗民情、风物特产、文学艺术、古典建筑和园林等诸方面的知识。这些知识是导游讲解的素材，是导游服务的"原料"，是导游人员的看家本领。导游人员要努力学习，力争使自己上知天文、下晓地理，对本地及邻近省、市、地区的旅游景点、风土人情、历史掌故、民间传说等了如指掌，并对国内外的主要名胜景区、景点应有所了解，还要善于将本地的风景名胜与历史典故、文学名著、名人逸事等有机地联系在一起。总之，对史地文化知识的综合理解并将其融会贯通、灵活运用，对导游人员来说具有特别重要的意义，这是一名合格导游人员的必备条件。

导游人员还要不断地提高艺术鉴赏能力。艺术素养不仅能使导游人员的人格更加完善，还可使导游讲解的层次大大提高，从而在中外文化交流中起到更为重要的作用。艺术素质也是一名优秀导游人员的必备条件之一。

目前，我国导游人员在这方面存在的主要问题是，知识面较窄，只求一知半解，对其包含的科学内容不进行深入的探究。有的导游人员只满足于背诵导游词，在导游讲解时，单调生硬，激不起游客的游兴；更有甚者，杜撰史实，张冠李戴，胡言乱语，欺骗游客，这不仅有违导游人员的职业道德，也有损于我国导游服务的声誉，不利于我国旅游业的发展。

3. 政策法规知识

政策法规知识也是导游人员应必备的知识。

第一，政策法规是导游人员工作的指针。导游人员在导游讲解、回答游客对有关问题的询问或同游客讲解有关问题时，必须以国家的方针政策和法规为指导，否则会给游客造成误解，甚至给国家造成损失。

第二，旅游过程中出现的有关问题，导游人员一定要根据国家的政策和有关的法律法规予以正确处理。

第三，导游人员自身的言行要符合国家政策法规的要求，遵纪守法。

总之，导游人员应该牢记国家的现行方针政策，掌握有关的法律法规知识，了解外国游客在中国的法律地位以及他们的权利和义务。只有这样，才能正确地处理问题，做到有理、有利、有节，导游人员自己也可少犯错误或不犯错误。

4. 心理学

导游人员的工作对象主要是形形色色的游客，还要与各旅游服务部门的工作人员打交道，导游工作集体三成员（全陪、地陪和领队）之间的相处有时也很复杂。导游人员是做人的工作，而且往往是与之短暂相处，因而掌握必要的心理学知识具有特殊的重要性。导游人员要随时了解游客的心理活动，有的放矢地做好导游讲解和旅途生活服务工作，有针对性地提供心理服务，从而使游客在心理上得到满足，在精神上获得享受。事实证明，向游客多提供心理服务远比功能服务重要。

5. 美学知识

旅游活动是一项综合性的审美活动。导游人员的责任不仅要向游客传播知识，也要传递美的信息，让他们获得美的享受。一名合格的导游人员要懂得什么是美，知道美在何处，并善于用生动形象的语言向不同审美情趣的游客介绍美，而且还要用美学知识指导自己的仪容、仪态，因为导游人员代表着国家（地区），其本身就是游客的审美对象。

此外，导游人员若熟悉两国文化的差异，就能及早向游客说明，使游客意识到在异国他乡旅游，不可能时时都与自己的家乡相同，从而使其产生在领略异国、异乡风情的游行中，对许多不解之处，甚至一些不愉快之处也能理解、谅解并与导游人员配合。

（三）较强的独立工作能力和创新精神

导游工作是一项难度较大、复杂而艰巨的工作，导游的能力直接影响到对客服务的效率和服务效果。导游独立工作能力和创新精神既是工作需要，也关系到个人的发展。导游人员接受任务后，要独立组织游客参观游览，要独立做出决定、独立处理问题。导游人员的工作对象形形色色，旅游活动丰富多彩，出现的问题和性质各不相同，不允许导游人员工作时墨守成规。相反，必须根据不同的时空条件采取相应的措施，予以合理处理。因此，较强的独立工作能力和创新精神，充分发挥主观能动性和创造性，对导游人员具有特殊的重要意义。

导游人员的独立工作能力和创新精神主要表现在以下四个方面。

1. 独立执行政策和独立进行宣传讲解的能力

导游人员必须具有高度的政策观念和法制观念，要以国家的有关政策和法律、法规指导自己的工作和言行；要严格执行旅行社的接待计划；要积极主动地宣传中国、讲解中国现行的方针政策，介绍中国人民的伟大创造和社会主义建设的伟大成就以及各地区的建设和发展情况；回答游客的种种询问，帮助他们尽可能全面地认识中国。

2. 较强的组织协调能力和灵活的工作方法

导游人员接受任务后要根据旅游合同安排旅游活动，并严格执行旅游接待计划，带领全团人员游览好、生活好。这就要求导游人员具有较强的组织、协调能力，要求导游人员在安排旅游活动时有较强的针对性并留有余地，在组织各项活动时讲究方式方法并及时掌握变化着的客观情况，灵活地采取相应的有效措施。

3. 善于和各种人打交道的能力

导游人员的工作对象甚为广泛，善于和各种人打交道是导游人员最重要的素质之一。与层次不同、品质各异、性格相左的中外人士打交道，要求导游人员必须掌握一定的公共关系学知识并能熟练运用，具有灵活性、理解能力和适应不断变化着的氛围的能力，随机应变处理问题，搞好各方面的关系。导游人员具有相当的公关能力，就会在待人接物时更自然、得体，能动性和自主性的水平就会更高，有利于提高导游服务质量。

导游工作的性质特殊、人际关系比较复杂，要求导游人员应是活泼、外向的人；是永远精力充沛、情绪饱满的人；是具有爱心、与人打交道热情、待人诚恳、富于幽默感的人；是有能力解决问题并让人信赖、依靠的人。性格内向腼腆的导游人员，应主动在实践中不断磨炼自己，培养处理人际关系的能力。

4. 独立分析、解决问题，处理事故的能力

沉着分析、果断决定、正确处理意外事故是导游人员最重要的能力之一。旅游活动中意外事故在所难免，能否妥善地处理事故是对导游人员的一种严峻考验。临危不惧、头脑清醒、遇事不乱、处理果断、办事利索、积极主动、随机应变是导游人员处理意外事故时应具备的能力。

（四）较高的导游技能

服务技能可分为操作技能和智力技能两类。导游服务需要的主要是智力技能，即导游人员与同事协作共事，与游客成为伙伴，使旅游生活愉快的带团技能；根据旅游接待计划和实情，巧妙、合理地安排参观游览活动的技能；选择最佳的游览点、线，组织活动，当好导演的技能；触景生情、随机应变，进行生动精彩的导游讲解的技能；灵活回答游客的询问，帮助他们了解旅游目的地的宣讲技能；沉着、果断地处理意外事故的应急技能；

合情、合理、合法地处理各种问题和旅游投诉的技能等。

一名优秀的导游人员应具有指挥家的水平,也要有演员的本领。一名高明的指挥,一上台就能把整个乐队带动起来并能调动全体听众的情绪,导游人员要有能力随时调动游客的积极性,使他们顺着你的导游思路去分析、判断、欣赏、认识,从而获得旅游的乐趣和美好的享受;作为演员,导游人员要熟练地运用丰富的知识、幽默的语言、抑扬顿挫的语调、引人入胜的讲解以及有节奏的导游活动来征服游客,使他们沉浸在欣赏美的愉悦之中。

语言、知识、服务技能构成了导游服务三要素,缺一不可。只有三者的和谐结合才称得上是高质量的导游服务,导游人员若缺乏必要的知识,势必"巧妇难为无米之炊"。语言表达能力的强弱、导游方法的差异、导游技能的高低,会使同样的题材产生不同的甚至截然相反的导游效果:有的平淡无奇、令人昏昏欲睡,使旅游活动失去光彩;有的则有声有色、不同凡响,让游客获得最大限度的美的享受。技能高超的导游人员对相同的题材能从不同角度讲解,使其达到不同的意境,满足不同层次和不同审美情趣的游客的审美要求;而技能低劣的导游讲解或语言干巴巴,或"百病一方",只有一种导游词,有的甚至只能当"哑巴"导游,自己难堪,游客不满。

导游人员的服务技能与他的工作能力和掌握的知识有很大的关系,需要在实践中培养和发展。一个人的能力是在掌握知识和技能的过程中形成和发展的,而发展了的能力又可促使他更快、更好地掌握知识和技能并融会贯通,运用起来得心应手。因此,导游人员要在掌握丰富知识的基础上,努力学习导游方法、技巧,并不断总结、提炼,形成适合自己特长的导游方法、技巧及自己独有的导游风格。

(五)竞争意识和进取精神

21世纪是知识经济的时代,其主要特征是,以智力资源为主要依托,把知识作为第一生产力要素。所以,21世纪是知识竞争的时代。

导游服务是一种高智能的服务,它以导游人员的智力资源为主要依托。因此,导游人员只有不断充实、更新知识,不断进取,才能面对充满竞争的21世纪的挑战。

在中国加入世界贸易组织后,中国旅游业更加开放,现在不仅外国旅游企业纷纷进入中国旅游市场,外国导游人员也可能踏上中国的国土。另外,随着改革的深入,面对国际国内旅游市场的激烈竞争,目前的导游管理体制正在发生巨大变化。因此,导游人员应有居安思危、优胜劣汰的思想准备。只有树立强烈的竞争意识,将压力变为动力,不断开拓进取,才能在21世纪的导游事业中立于不败之地。

(六)身心健康

导游工作是一项脑力劳动和体力劳动高度结合的工作,工作纷繁,量大面广,流动性强，体力消耗大，而且工作对象复杂，诱惑性大。因此，导游人员必须是一个身心健康的人，否则很难胜任工作。身心健康包括身体健康、心理平衡、头脑冷静和思想健康四个方面。

1. 身体健康

导游人员从事的工作要求他能走路，会爬山，能连续不间断地工作；全陪导游人员、地陪导游人员和旅游团领队要陪同旅游团周游各地，变化着的气候和各地的水土、饮食对他都是一个严峻的考验。

2. 心理平衡

导游人员的精神要始终愉快、饱满，在游客面前应显示出良好的精神状态，进入"导游"角色要快，并且能保持始终不受任何外来因素的影响。面对游客，导游人员应笑口常开，绝不能把丝毫不悦的情绪带到导游工作中去。特别是现在，游客的自我保护意识越来越强，有时对导游的工作理解不够，导游人员要能受得起委屈，心态要好。

3. 头脑冷静

在旅游过程中，导游人员应始终保持清醒头脑，处事沉着、冷静、有条不紊；处理各方面关系时要机智、灵活、友好协作；处理突发事件以及游客的挑剔、投诉时要干脆利索，要合情、合理、合法。

4. 思想健康

导游人员应具有高尚的情操和很强的自控能力，抵制形形色色的诱惑，清除各种腐朽思想的污染。

总之，一名合格的导游人员应精干、老练、沉着、果断、坚定，应时时处处显示出有能力领导旅游团，而且工作积极、耐心、会关心人、体谅人，富于幽默感，导游技能高超。

（七）导游人员的纪律要求

1. 忠于祖国，坚持"内外有别"原则

导游人员要严守国家机密，时时、事事以国家利益为重。带团旅游期间，不随身携带内部文件，不向游客谈及旅行社的内部事务及旅游费用。

2. 严格按规章制度办事，执行请示汇报制度

（1）导游人员应严格按照旅行社确定的接待计划，安排旅行、游览活动，不得擅自增加、减少旅游项目或者中止导游活动；在旅行、游览中，遇有可能危及游客人身安全的紧急情形时，经征得多数游客的同意后，可以调整或者变更接待计划，但应当立即报告旅行社。

（2）在旅行、游览中，导游人员应当就可能发生危及游客人身、财物安全的情况

时，提早向游客做出真实说明和明确警示，并按照旅行社的要求采取防止危害发生的措施。

3. 自觉遵纪守法

（1）导游人员要严禁嫖娼、赌博、吸毒；也不得索要、接受反动、黄色书刊画及音像制品。

（2）导游人员不得套汇、炒汇；也不得以任何形式向海外游客兑换、索取外汇。

（3）导游人员不得向游客兜售物品或者购买游客的物品；不偷盗游客的财物。导游私自兜售商品，旅行社应全额退还旅游者购物价款。

（4）导游人员不能欺骗、胁迫游客消费或者与经营者串通欺骗、胁迫游客消费。

（5）导游人员不得以明示或暗示的方式向游客索要小费，不准因游客不给小费而拒绝提供服务。导游索要小费，旅行社应赔偿被索要小费的2倍给游客。

（6）导游人员不得向游客销售商品或提供服务的经营者的财物。

（7）导游人员不得营私舞弊、假公济私，不大吃大喝。

4. 自尊、自爱，不失人格、国格

（1）导游人员不得"游而不导"，不擅离职守，不懒散松懈，不本位主义，不推诿责任。导游在旅游行程期间，擅自离开旅游团队，造成旅游者无人负责，旅行社应承担旅游者滞留期间所支出的食宿费等直接费用，并赔偿全部旅游费用30%的违约金。

（2）导游人员要关心游客，不态度冷漠，不敷衍了事，不在紧要关头临阵脱逃。

（3）导游人员不要与游客过分亲近；不介入旅游团内部的矛盾和纠纷，不在游客之间搬弄是非；对待游客要一视同仁，不厚此薄彼。

（4）导游人员有权拒绝游客提出的侮辱人格尊严或者违反其职业道德的不合理要求。

（5）导游人员不得迎合个别游客的低级趣味，在讲解、介绍中掺杂庸俗下流的内容。

5. 注意小节

（1）导游人员不得随便单独去游客的房间，更不得单独去异性游客的房间。

（2）导游人员不得携带自己的亲友随旅游团活动。

（3）导游人员不与同性外国旅游团领队同住一室。

（4）导游人员饮酒量不要超过自己酒量的1/3。

第二节　导游服务

一、导游服务概述

（一）导游服务的产生和发展

导游服务不是从来就有的，它是旅游服务的一个组成部分，是在旅游活动的发展过程中产生，随着旅游活动的发展而发展。

1. 古代旅游活动

在人类历史上，人类有意识的外出旅行是由于产品或商品交换引起的，即第三次社会大分工使商业从农牧业和手工业中分离出来，出现了专门从事商品交换的商人。正是他们，在原始社会末期开创了人类旅游活动的先河。他们以经商为目的，周游于不同的部落之间。显然，在这个时期，导游服务还没有产生。封建社会中后期，出现了以求学、保健、探险为目的的旅行，在这些旅行活动中有时会有熟悉当地环境的人做向导，但并不以此为生，收受的只不过是旅游者的赏赐（小费）。

总之，古代旅游（旅行）充满艰苦性、冒险性除了交通工具落后外，缺乏专业向导是其重要的原因。事实证明，有组织、有领导的旅游成功性大；反之，则很难达到预期目的。近代旅游成为人们愉快的活动，专职导游随之而产生，掀开了新的一页。

2. 我国导游服务的发展历程

我国导游服务至今经历了四个发展阶段：

（1）起步阶段（1923—1949年）；

（2）开拓阶段（1949—1978年）；

（3）发展阶段（1978—1989年）；

（4）全面建设导游队伍阶段（1989年至今）。

（二）导游服务的概念

导游服务是指导游人员代表被委派的旅行社，或同游客签订合同，接待或陪同游客旅行、游览，按照组团合同或约定的内容和标准向游客提供的旅游接待服务。

具体包括以下几层含义。

（1）导游人员从执业角度分两部分：一部分是旅行社委派的，可以是专职的，也可以是兼职的，按照旅行社同游客签订的旅游合同和计划的旅游线路向游客提供接待服务；另一部分是自由职业者，他们通过线上或线下渠道，根据同游客签订的合同向游客提供向导和讲解服务。

（2）导游人员的主要业务是从事游客的接待。一般来说，多数导游人员是在陪同游客旅行、游览的过程中向其提供导游服务的，但是也有些导游人员是在旅行社设在不同地点的柜台前接待客人，向客人提供旅游咨询，帮助客人联系和安排各项旅游事宜，他们同样提供的是接待服务。不同的是，前者是在出游中提供接待服务，后者是在出游前提供接待服务。

（3）导游人员向游客提供的接待服务是有标准的。对于团体游客必须按组团合同的规定和《导游服务规范》实施，对于散客必须按事前约定的内容和标准实施。导游人员不得擅自增加或减少甚至取消旅游项目，也不得降低导游服务质量。一方面，导游人员在接待过程中要注意维护所代表的旅行社的形象和信誉；另一方面，也要注意维护游客的合法权益。对于参加旅行社组织的旅游活动的游客而言，导游服务工作是其顺利完成旅游过程的主要依托。

因此，导游服务是整个旅游过程中的服务灵魂，导游人员在旅游过程中的服务艺术、服务技能、服务效果和组织能力对游客综合旅游感受会形成最直接的影响。不仅如此，导游服务工作的优劣，还会直接影响到整个旅游行业的信誉，对旅游经济的发展产生直接或间接的影响。

二、导游服务的类型

导游服务的类型是指导游人员向游客介绍所游地区或地点情况的方式。导游服务的范围极广，内容相当复杂，不过，就现代导游服务方式而言，大致可分为两大类：物化导游方式和实地口语导游方式。

（一）物化导游方式

1. 图文导游方式

图文导游方式包括导游图、交通图、旅游指南、景点介绍册页、旅游产品目录等。

2. 声像导游方式

声像导游方式包括有关国情介绍、景点介绍的录像带、电影片、幻灯片和VCD光盘等。

3. 多媒体导游方式

多媒体导游方式包括利用高科技的方式，如多媒体信息查询系统、旅游网站等。

旅游业发达的国家对图文声像导游极为重视，各大中城市、旅游景点以及机场、火车站、码头等处都设有摆放着各种印制精美的旅游宣传资料的"旅游服务中心"或"旅游问讯处"，人们可以随意翻阅，自由索取；工作人员还热情、耐心地解答有关旅游活动的各种问题，并向问询者提供有参考价值的建议。很多旅游公司通过定期向公众放映有关旅游的国（地）的电影或录像、举办展览会等手段来影响潜在的旅游者。组团旅行社通常在旅游团集合后、出发前，在领队向团员介绍目的地的风俗民情及旅游注意事项的同时，都要为旅游者放映有关旅游目的地的电影、录像或幻灯片，散发旅游指南等材料，帮助旅游者对即将前往游览参观的目的地有基本了解。此外，许多博物馆、教堂和重要的旅游景点装备有先进的声像设施，方便游客参观游览并帮助他们比较深刻、全面理解重要景观内含的深奥寓意和艺术价值，从而获得更多美的享受。

（二）实地口语导游方式

实地口语导游方式，亦称讲解导游方式，它包括导游人员在游客旅行、游览途中所做的介绍、交谈和问题解答等导游活动，以及在参观游览途中所做的介绍和讲解。

随着时代的发展、科学技术的进步，导游服务方式将越来越多样化、高科技化。图文声像导游方式形象生动、便于携带和保存的优势将会进一步发挥，在导游服务中的作用会进一步加强。然而，同实地口语导游方式相比，仍然处于从属地位，只能起着减轻导游人员负担、辅助实地口语导游方式的作用。实地口语导游不但不会被图文声像导游方式所替代，而且将永远在导游服务中处于主导地位。

1. 有利于旅游活动中的人际交往和情感交流

旅游是客源地的人们到旅游目的地的一种社会文化活动，通过对目的地社会文化的了解来接触目的地的人民，实现不同国度、地域、民族之间的人际交往，建立友谊。导游人员是游客首先接触而且接触时间最长的目的地的居民，导游人员的仪容仪表、言谈举止和导游讲解方式都会给游客留下难忘的印象。通过导游人员的介绍和讲解，游客不但可以了解目的地的文化，增长知识，陶冶情操，而且通过接触目的地的居民，特别是与其相处时间较长的导游人员，会自然而然地产生一种情感交流，即不同国度、地域、民族之间的相互了解和友谊。这种游客与导游之间建立起的正常的人与人之间的情感关系是提高导游服务质量的重要保证。这同样是高科技导游方式难以做到的。

2. 有利于提供个性化的导游服务

由于社会背景和旅游动机的不同，不同的游客出游的想法和目的也不尽相同，有的人会直接表达出来，有的人比较含蓄，还有的人可能缄默不语。单纯依靠图文声像一类千篇一律的固定模式介绍旅游景点，是不可能满足不同社会背景和出游目的的游客需求的。导游人员可以通过实地口语导游方式掌握游客对旅游景点的喜好程度，在与游客接触和交谈中，了解不同游客的想法和出游目的，然后根据游客的不同需求，在对参观游览的景物进行必要的介绍的同时，有针对性、有重点地进行讲解。导游讲解贵在灵活，妙在变化，绝不是一部机器，甚至是一个高智能的机器人能应付的。

3. 有利于及时解决各种问题

现场导游情况纷繁复杂，在导游人员对参观游览的景物进行介绍和讲解时，有的游客会专心致志地听，有的则满不在乎，有的还会借题发挥，提出各种稀奇古怪的问题。这些情况都需要导游人员在讲解过程中沉着应对、妥善处理。在不降低导游服务质量的前提下，满足那些确实想了解参观游览地景物知识的游客的需求，想方设法调动那些对参观游览地不感兴趣的游客的游兴，还要对提出古怪问题的游客做必要的解释，以活跃整个旅游气氛。此类复杂情况也并非现代科技导游手段可以做到，只有人，而且是高水平的导游员才能得心应手地应对这种复杂多变的情况。

三、导游服务的特点

导游服务作为一种高智能、高技能的服务工作，以其独有的鲜明特点，成为旅游业中富有挑战性和创造性的工作。

（一）独立性强

导游服务是独当一面的工作。导游人员带领旅游团队外出旅游，在整个旅游活动过程中，往往只有导游人员与旅游者终日相处，导游服务的完成是在没有他人帮助下独立进行的，因而导游服务是一种流动的、单兵作战的工作方式。导游人员必须具备较强的独立工作能力，才能够圆满地完成旅游团队的导游服务工作。导游服务的独立性表现在以下四个方面。

1. 独立宣传、执行国家政策

在旅游者心目中，导游人员是一个国家或地区形象的代表。旅游者往往希望通过导游人员来更多地了解一个国家或地区的情况。例如海外旅游者来我国旅游，不仅对我国的风景名胜古迹进行游览观赏，还会对我国的社会状况、政治局势、经济发展水平以及风俗民情进行考察和评判，他们会提出各种各样的问题要求导游人员解答，这必然要涉及国家的各项方针政策。因此，导游服务是一项政策性很强的工作。导游人员要想圆满地解答政策性问题，就要有较高的政策水平。

2. 独立组织、协调旅游活动

导游人员作为旅行社委派的代表，在为旅游者提供服务的过程中，需要独立完成许多组织协调工作。在旅行社内部，导游人员需要与外联、计调、财会等部门协调关系、密切合作，充分做好导游服务的准备工作，以保证旅游活动的顺利进行；在对外关系中，导游人员要代表本旅行社与各有关方面联系和交往，协调好各种关系；在旅游团内部，要考虑到旅游者年龄、职业、性格、兴趣各不相同，科学组织安排团队的各项活动。旅行社之间、旅行社与各单项旅游产品供给部门之间都可能产生矛盾和问题，导游人员对此也要进行组织与协调工作，使之紧密合作，各负其责。

3. 独立解决各种矛盾和突发性事件

导游人员在带团旅游过程中，旅游者的食、住、行、游、购、娱等各个方面都需依靠导游人员来安排，不可避免地会遇到各种各样的而且往往是难以预料到的问题和矛盾。因此，导游人员要具备独立处理、安排、解决有关矛盾和问题的能力。尤其是在遇到一些突发性事件时，如食物中毒、交通事故等，往往因事发突然，会出现来不及向旅行社请示就必须由导游人员立即独立做出决定并进行初步处理的情况。因此，导游人员应具备并有意识地锻炼自己敢于决断，及时解决各种问题和突发性事件的能力。

4. 导游讲解具有相对的独立性

导游人员在实际讲解过程中，并没有千篇一律的固定模式，而是需要根据游客不同的文化层次、不同的审美情趣以及不同的兴趣爱好，及时调整自己的讲解内容，使导游讲解具有较强的针对性，以满足不同旅游者的需要。这是需要导游人员独立完成的主要工作，别人是无法替代的。

（二）脑、体高度结合

导游服务并不像有些人认为的那样是"游山玩水"，轻松愉快，而是一项复杂、烦琐、脑力劳动和体力劳动高度结合的服务性工作。一方面，导游人员在讲解服务过程中必然会涉及许多方面的知识，这就要求导游人员博闻强记，掌握古今中外、天文地理、政治、经济、文化、教育、医疗卫生、法律、民俗等各方面丰富的知识，对音乐、舞蹈、美术、建筑、心理学、美学等也须涉猎；另一方面，导游服务流动性强、工作量大、体力支出较大。在旅游过程中，导游人员要带领旅游者一起游览并进行讲解和介绍，还要随时随地帮助旅游者解决出现的各种问题。尤其是旅游旺季时，导游人员工作"连轴转"，工作难度增强，体力消耗加大，往往无法正常休息。这种智力与体力相结合的服务工作特点在其他行业中是很少见的，导游人员需具有高度的事业心和健康的体质才能胜任工作。

（三）复杂多变

导游服务是按照一定程序进行的，但在实际服务过程中却需要面对许多的不确定性，这使导游服务工作经常处于复杂多变中。导游服务的复杂多变表现在以下四个方面。

1. 服务对象复杂

导游服务的对象是来自不同国家和地区的旅游者，他们的职业、性别、年龄、信仰和受教育的情况各不相同，其兴趣爱好、性格、习惯也是千差万别。导游人员在提供服务时，面对的是一个复杂的服务对象群体。由于接待的每一批旅游者都互不相同，因此，这又是一个不断变化着的复杂群体。

2. 旅游者的需求多种多样

导游人员不仅要按照接待计划安排和落实旅游者在旅游过程中的食、住、行、游、购、娱等基本活动，还有责任满足或帮助旅游者解决其随时提出的各种个别要求，以及解决或处理旅游过程中随时出现的问题和情况。而且由于对象不同、时间与场合不同、客观条件不同，即使是同样的要求或问题往往也会出现不同的情况，这就需要导游人员根据具体情况准确判断并妥善处理。

3. 需要协调的关系复杂

导游人员为确保旅游活动的顺利进行，需要与许多相关部门和工作人员进行接洽和交往，如交通、饭店、商店、景点、娱乐部门等，需要与他们商讨各项事宜，争取各方的支持和配合。由于这些部门和工作人员都分别代表了不同的权力和利益，如果协调不好，就会产生各种各样的矛盾，给导游服务形成障碍，影响导游服务的质量。导游服务中所需处理的关系相当复杂，因为这些关系都涉及部门和个人的利益。导游人员本身具有双重身份，既代表着旅行社的利益，同时又是旅游者利益的代表者与维护者，与各方面打交道，处在一种工作关系和人际关系都比较复杂的关系网中。要处理好这些复杂繁多的关系，就需要具有较高的综合素质和较强的公关能力。

4. 直接面对多种诱惑

旅游业的发展促进了经济的发展，有利于各国、各民族之间的友好往来和文化交流，但对思想觉悟不高者也会带来一些消极影响，如可能会面对一些不健康的"精神污染"，即不良的思想意识、处世方式和生活作风。这些东西的传播和渗透，无形之中会对接待人员产生影响。导游人员在工作中要跟海内外形形色色的人员打交道，直接面对这种"旅游污染"的机会要比常人多得多。因此，导游服务的复杂性还在于导游人员处在一个复杂的工作环境中，直接面对多种诱惑，比如金钱、名利等。导游人员面对不同的意识形态、价值观念和生活方式，经常耳濡目染，如果意志不坚定、自制能力不强，则非常容易受其影响，甚至沦为"精神污染"的俘虏。导游人员应充分认识这一工作特点，提高思想政治觉悟，提高自身修养，始终保持清醒的头脑，增强抵制"精神污染"的能力。

（四）关联度高

旅游产品是以服务形式表现的无形产品。一个完整的旅游产品包括旅游活动的六大要素即食、住、行、游、购、娱等内容，是由许许多多的单项旅游产品组合而成的。这些单项旅游产品又是由各自独立、性质不同、功能各异的旅游供给部门分别提供的。一次成功的旅游活动需要这些环环相扣的各旅游供给部门的共同努力和通力协作，无论哪一个部门出现了问题，都会影响到旅游活动的正常进行，使旅游者感到不满或失望，从而影响到整体旅游产品的质量。导游服务涉及旅游行业的方方面面，具有很强的关联性，这就要求导游人员必须以高度的事业心和责任感，对各个相关部门进行统筹协调。

四、导游服务的原则

导游人员要把接待工作做好，需要处理好旅游者、旅行社、有关接待单位和国家之间的关系，既要维护游客的合法权益，又要维护旅行社和国家的利益。为此，在接待工作中，必须遵循如下基本原则。

（一）"游客至上"原则

"游客至上"，是旅游行业的座右铭。这不仅是招徕游客的宣传口号，更是旅游行业的服务宗旨、行动指南，也是旅游服务工作中处理问题的出发点。

"游客至上"，意即在游客和旅游行业的关系中，游客总是第一位的，没有游客，旅游服务的价值就无从体现，导游服务也就失去了存在的必要。

"游客至上"，就是要求导游人员尊重游客，真心实意地为游客服务。要求导游人员在与游客相处时要处处以游客利益为重，而不能过多地强调自己的困难，不能以个人的情绪随心所欲地对待或左右游客，而应尽可能地满足游客的正当需求。

"游客至上"，要求导游人员在为游客服务时必须符合国家和旅游行业的有关规定，服务质量必须达到国家和行业制定的标准，并努力将规范化服务与个性化服务、细微化服务有机地结合起来，从而向旅游者提供高质量的导游服务。

（二）维护游客合法权益的原则

消费者购买物品和服务的合法权益应受到保护。旅游者作为旅游产品和服务的购买者和消费者，其权益也应受到合法的保护。

旅游经营者不得以不合理低价组织旅游活动，不得指定具体购物场所，不得安排另行付费项目。导游、领队不得擅自变更旅游行程或者中止服务活动，不得向旅游者索取小费，不得诱导、欺骗、强迫旅游者购物或者参加另行付费项目。

（三）"履行合同"原则

旅行社组织旅游者旅游，应当与旅游者签订合同。作为旅行社的代表，导游人员处在旅游接待的第一线，要不折不扣地按照旅游合同规定的内容和标准向旅游者提供导游服务，将维护旅游者的合法权益作为自己的服务准则，并据此对其他旅游服务的供给进行监督，同时处理旅游过程中发生的问题。

（四）平等待客的原则

要求导游人员平等待客、礼貌待客，热情地为每一位游客服务，对每一位游客都一视同仁，提供同等的优质服务。某些导游员嫌贫爱富，只关心巴结领导，关心部分有钱的游客，而不理睬或冷落了普通或购物少的游客，势必会使一些游客心理失去平衡，影响他们旅游的心情，对导游员产生成见，也不利于导游员工作的展开。导游员对游客不要分三六九等，对每个游客都热情、友好、礼貌，提供同样的服务。在处理问题时，公平、公正就可以赢得大家的尊重和信赖，避免不必要的麻烦。

（五）"合理而可能"原则

满足旅游者的正当要求，使他们愉快地度过旅游生活是导游人员的主要任务。旅游者提出合理要求，又是能够办到的，即使很困难，会给导游人员增添不少麻烦，导游人员也要尽力予以满足。如果旅游者提出的要求是合理的，但实在无法满足，导游人员也要实事求是地说明原委，必要时还须赔礼道歉。游客提出不合理要求，导游人员要婉拒，但要讲清道理。"合理而可能"原则既是导游服务原则，也是导游人员处理问题、满足游客要求的依据和准则。

上述五项原则不是孤立的，而是相互关联、互为补充的，它们既是导游人员的优质服务原则，也是衡量导游人员服务态度、服务质量及其工作能力的重要标准。导游人员须牢记这些原则并将其融会贯通、灵活运用，努力为游客提供高质量的导游服务。

五、导游服务的发展趋势

（一）导游知识现代化

导游服务是一种知识密集型的服务，即通过导游人员的讲解来传播文化、传递知识，促进世界各地区间的文化交流。在未来社会，人们的文化修养更高，对知识的更新更加重视，文化旅游、专业旅游、科研考察的发展，对导游服务将会提出更高的知识要求。

导游人员必须提高自身的文化修养，不断吸收新知识和新信息，掌握的知识不仅要有广度，还要有深度，使导游讲解的内容进一步深化，更具有科学性。这样，导游人员的讲解将更有说服力，不仅能同游客讨论一般问题，还能较深入地谈论某些专业问题。总之，在知识方面，导游人员不仅要成为"杂家"，还要成为某些方面的专家。

（二）导游服务内容扩大化

由最初的引路—讲解，到如今的照顾—处理各种需求，将向导、讲解、旅途照顾和交通服务集于一身，以后还将继续扩大，如寻亲访友、翻译、陪同、组织会议等。

（三）导游方法的多样化

旅游活动多样化的趋势，尤其是参与性旅游活动的兴起和发展，要求导游人员随之变化其导游方法。参与性旅游活动的发展，意味着人们追求自我价值实现的意识在不断增强。追求自我价值不仅体现在工作中，人们还将其转移到了娱乐活动之中。人们参加各种节庆活动，与当地居民一起活动、生活，还在旅游目的地学习语言、各种手艺和技能，甚至参加冒险活动，等等。这要求导游人员不仅会说（导游讲解），还要能动，与游客一起参加各种活动。

旅游活动的这一发展趋向对导游人员提出更高的要求。未来的导游人员不仅是位能说会道、能唱会跳、多才多艺的人，还要能动手，有强壮的体魄、勇敢的精神，与游客一起回归大自然，参与绿色旅游活动，一起参加各种竞赛，甚至去探险。

（四）导游服务的个性化

今天的社会是个性张扬的社会，个性化发展成为时代的主题，人们对旅游的需求个性化，旅游产品的消费也呈现个性化的趋势。导游服务的个性化要求我们导游人员要根据游客的个性差异和不同的旅游需求提供针对性的服务，使不同的游客获得更大的心理满足；另外，导游服务的个性化有利于导游人员根据自己的优势或特长、爱好，形成自己的个性风格，朝品牌化导游发展，给游客留下特色鲜明的印象。

（五）导游职业自由化

目前，国家旅游主管部门已在一些地方启动导游职业自由化的试点工作，一些导游人员已经加入试点中，随着时间的推移，将会有越来越多的导游员成为自由职业者。对游客来说，则可通过全国导游公共服务监管平台或对接该平台的商业网站提供的导游二维码进行扫描，识别导游身份，查看导游信息，自主选择导游和对导游服务进行评价、点赞和投诉。电子导游证将替代导游IC卡成为导游执业证件，以电子数据形式保存于导游个人的手机等移动终端设备中。按统一规格制作的"导游身份标识"是电子导游证的外在表现形式。

第三节　散客旅游与团队旅游

一、散客旅游

（一）散客旅游的概念

散客旅游又称自助或半自助旅游。它是由旅游者自行安排旅游行程，零星现付各项旅游费用的旅游形式。

散客旅游并不意味着全部旅游事务都由游客自己办理而完全不依靠旅行社。实际上，不少散客的旅游活动均借助了旅行社的帮助，如出游前的旅游咨询；交通票据和饭店客房的代订；委托旅行社派遣人员的途中接送；参加旅行社组织的菜单式旅游等。

（二）散客旅游迅速发展的原因

从国际旅游统计的各种数据来看，散客旅游发展迅速，已成为当今旅游的主要方式。从国内市场来看，人们旅游的类型已经从简单的观光旅游，逐步向参与型旅游发展，国内散客市场也日益扩大。导致散客旅游迅猛发展的原因有以下几方面。

1. 游客自主意识和旅游经验的增强

随着我国国内旅游的发展，游客的旅游经验得到积累，他们的自主意识、消费者权益保护意识不断增强，更愿意根据个人喜好自主出游或结伴出游。

2. 游客结构的改变

随着我国经济的发展，社会阶层产生了变化，一部分人先富裕起来，中产阶层逐渐形成，改变了游客的经济结构；大量青年游客增多，他们往往性格大胆，富有冒险精神，旅游过程中带有明显的个人爱好，不愿受团队旅游的束缚和限制。

3. 交通和通信的改变

现代交通和通信工具的迅速发展，为散客旅游提供了便利的技术条件。随着我国汽车进入家庭步伐的加快，人们驾驶自己的汽车或租车出游十分盛行。现代通信、网络技术的发展，也使游客无须通过旅行社来安排自己的旅行，他们越来越多地借助于网上预订和电话预订。

4. 散客接待条件的改善

世界各国和我国各地区，为发展散客旅游都在努力调整接待机制，增加或改善散客接待设施。他们通过旅游咨询电话、计算机导游显示屏等为散客提供服务。我国不少旅行社已经着手建立完善的散客服务网络，并运用网络等现代化促销手段，为散客旅游提供详尽、迅捷的信息服务，还有的旅行社设立专门的接待散客部门，以适应这种发展的趋势。

（三）散客旅游的特点

1. 规模小

由于散客旅游多为游客本人单独出行或与朋友、家人结伴而行，因此同团体旅游相比人数规模小。对旅行社而言，接待散客旅游的批量比接待团体旅游的批量要小得多。

2. 批次多

虽然散客旅游的规模小、批量小，但由于散客旅游发展迅速，采用散客旅游形式的游客人数大大超过团体游客人数，各国、各地都在积极发展散客旅游业务，为其发展提供了各种便利条件，散客旅游得到长足的发展。旅行社在向散客提供旅游服务时，由于其批量小、总人数多的特征，从而形成了批次多的特点。

3. 要求多

散客旅游中，大量的公务和商务游客的旅行费用多由其所在的单位或公司全部或部分承担，所以他们在旅游过程中的许多交际应酬及其他活动，一般都要求旅行社为他们安排，这种活动不仅消费水平较高，而且对服务的要求也较多。

4. 变化大

由于散客的旅游经验还有待完善，在出游前对旅游计划的安排缺乏周密细致的考虑，因而在旅游过程中常常须随时变更其旅游计划，导致更改或全部取消出发前向旅行社预订的服务项目，而要求旅行社为其预订新的服务项目。

5. 预订期短

同团体旅游相比，散客旅游的预订期比较短。因为散客旅游要求旅行社提供的不是全套旅游服务，而是一项或几项服务，有时是在出发前临时提出的，有时是在旅行过程中遇到的，他们往往要求旅行社能够在较短时间内安排或办妥有关的旅行手续，从而对旅行社的工作效率提出了更高的要求。

（四）散客服务的类型

1. 旅游咨询服务

（1）电话咨询。

（2）人员咨询。

（3）网络咨询。

2. 单项委托服务

单项委托服务是指旅行社为散客提供的各种按单项计价的可供游客选择的服务。主要服务内容有抵达或离开的接送、行李提取与托运、代订饭店、代订汽车、代订代购交通票据、代办出入境等各种相关手续、提供导游服务等。

3. 选择性旅游服务

选择性旅游服务是将同一旅行线路或地区或相同旅游景点的不同地方的游客组织起来，分别按单项价格计算的旅游形式。其主要有小包价旅游中的可选择部分：导游服务、风味餐、娱乐节目、参观游览等。

（五）散客服务程序

散客旅游与团队旅游，在接待工作和接待程序上有许多相似的地方，但也有不同之处。地陪不能全盘照搬团队旅游的导游服务程序，而应掌握散客服务的特点。

散客部导游人员随时都在办理接待散客的业务，按散客的具体要求提供办理单项委托服务的事宜。在一般情况下，柜台工作人员先用电话通知散客部计调人员，请其按要求配备地陪和车辆，并填写旅游委托书。地陪按委托书（接待计划）的内容进行准备。

1. 服务准备

导游人员接受迎接散客旅游者的任务后，应认真做好迎接散客的准备工作，它是接待好散客的前提。

（1）认真阅读接待计划

导游人员应明确迎接的日期，航班（车、船）的抵达时间；散客的姓名及人数和下榻的饭店；有无航班（车、船）及人数的变更；提供哪些服务项目；是否与其他散客合乘一辆车至下榻的饭店等。

（2）做好出发前的准备

导游人员要准备好迎接散客旅游者的姓名或小包价旅游团的欢迎标志、地图，随身携带的导游证、胸卡、导游旗或接站牌；检查所需票证，如离港机（车、船）票、餐单、游览券等。

（3）联系交通工具

导游人员要与计调部或散客部确认司机姓名并与司机联系，约定出发的时间、地点，了解车型、车号。

2. 接站服务

接站时要使散客旅游者或小包价旅游团受到热情友好的接待，有宾至如归之感。

（1）提前到港等候

导游人员要提前抵达接站地点。若接的是乘飞机来的散客，导游人员应提前30分钟到达机场，在国际或国内进港隔离区门外等候；若散客乘火车或轮船抵达，导游人员也应提前30分钟到达接站地点。

（2）迎接旅游者

接散客比接团队旅游者要困难，因为人数少，稍有疏忽，就会出现漏接。

比如旅游者自行到饭店或被别人接走。因此，在航班（火车、轮船）抵达时，导游人员和司机应站在不同的出口迎接旅游者。

如果没有接到应接的旅游者，那么导游人员应该询问机场或车站工作人员，确认本次航班（火车、轮船）的乘客确已全部下车或在隔离区内确已没有出港旅客；导游人员（如有可能与司机一起）在尽可能大的范围内寻找（20～30分钟）；与散客下榻饭店联系，查询是否已自行到达饭店；若确实找不到应接的散客，导游员应电话与计调人员联系并告知情况，进一步核实其抵达的日期和航班（火车、轮船）及是否有变更的情况；当确定迎接无望时，须经计调部或散客部同意方可离开机场（车站、码头）。对于未在机场（车站、码头）接到旅游者的导游人员来说，回到市区后，应前往旅游者下榻的饭店前台，确认旅游者是否已入住饭店。如果旅游者已入住饭店，必须主动与其联系，并表示歉意。

3. 沿途导游服务

在从机场（车站、码头）至下榻的饭店途中，导游人员对散客应像对团队一样进行沿途导游，介绍所在城市的概况，下榻饭店的地理位置和设施，以及沿途景物和有关注意事项等。对个体散客，沿途导游服务可采取对话的形式进行。

4. 入住饭店服务

入住饭店服务应使旅游者进入饭店后尽快完成住宿登记手续，导游人员应热情介绍饭店的服务项目及入住的有关注意事项，与旅游者确认日程安排与离店的有关事宜。

（1）帮助办理入住手续

散客抵达饭店后，导游人员应帮助散客办理饭店入住手续。按接待计划向散客明确说明饭店将为其提供的服务项目，并告知散客离店时要现付的费用和项目。记下散客的房间号码。散客行李抵达饭店后，导游人员负责核对行李，并督促行李员将行李运送到散客的房间。

（2）确认日程安排

导游人员在帮助散客办理入住手续后，要与散客确认日程安排。在散客确认后，将填好的安排表、游览券及赴下站的飞机（火车、轮船）票交与散客，并让其签字确认。如散客参加大轿车游览，应将游览券、游览徽章交给散客，并详细说明各种票据的使用方法，集合时间、地点，以及大车的导游人员召集散客的方式，在何处等车、上车等相关事宜；对于有送机（车、船）服务项目的散客要与其商定好离站时间和送站安排。

（3）确认机票

若散客将乘飞机去下一站，而散客又不需要旅行社为其提供机票，导游人员应叮嘱散客要提前预订和确认机座；如散客需要协助确认机座，导游人员可告知其确认机票的电话号码；如散客愿意将机票交与导游人员帮助确认，而接待计划上又未注明需协助确认机票，导游人员可向散客收取确认费，并开具证明。

导游人员帮助散客确认机票后，应向散客部或计调部报告确认后的航班号和离港时间，以便及时派人、派车，提供送机服务，并将收取的确认机票服务费交给旅行社。

（4）推销旅游服务项目

导游人员在迎接散客的过程中，应询问散客在本地停留期间还需要旅行社为其代办何种事项，并表示愿竭诚为其提供服务。

（5）后续工作

迎接散客完毕后，导游人员应及时将同接待计划有出入的信息及散客的特殊要求反馈给散客部或计调部。

5. 现场导游讲解

抵达游览景点后，导游人员应对景点的历史背景、特色等进行讲解，语言要生动、有声有色，引导旅游者参观。

如果是单个旅游者，导游人员则可采用对话或问答形式进行讲解，更显亲切自然。有些零星散客，有考察社会的兴趣，善于提出问题、讨论问题，导游人员要有所准备，多向旅游者介绍我国各方面的情况，从中了解旅游者的观点和意见。

如果是散客小包价旅游团，导游人员则应陪同旅游团，边游览边讲解，随时回答旅游者的提问，并注意观察旅游者的动向和周围的情况，以防旅游者走失或发生意外事故。游览结束后，导游人员负责将旅游者分别送回各自下榻的饭店。

6. 其他服务

由于散客旅游者自由活动时间较多，导游人员应当好他们的参谋和顾问：可介绍或协助安排晚间娱乐活动，把可观赏的文艺演出、体育比赛、宾馆饭店的活动告诉旅游者，请其自由选择，但应引导他们去健康的娱乐场所。

7. 送站服务

游客在结束本地参观游览活动后，导游应使散客顺利、安全地离站。

（1）详细阅读送站计划

导游人员接受送站计划后，应详细阅读送站计划，明确所送散客的姓名或散客小包价旅游团人数、离开本地的日期、所乘航班（火车、轮船）以及下榻的饭店；有无航班（火车、轮船）与人数的变更；是否与其他散客或散客小包价旅游团合乘一辆车去机场（车站、码头）。

（2）做好送站准备

导游人员必须在送站前24小时与散客或散客小包价旅游团确认送站时间和地点。若散客不在房间，则应留言并告知再次联络的时间，然后再联系、确认。要备好散客的机（车、船）票。同散客部或计调部确认与司机会合的时间、地点及车型、车号。

如散客乘国内航班离站，导游人员则应掌握好时间，使散客提前90分钟到达机场；如散客乘国际航班离站，则必须使散客提前2小时到达机场；如散客乘火车离站，则应使散客提前40分钟到达车站。

（3）饭店接送散客

按照与散客约定的时间，导游人员必须提前20分钟到达散客下榻的饭店，协助散客办理离店手续，交还房间钥匙，付清账款，清点行李，提醒散客带齐随身物品，然后照顾客人上车离店。

若导游人员到达散客下榻的饭店，未找到要送站的旅游者，导游人员则应到饭店前台了解旅游者是否已离店，并与司机共同寻找，若超过约定的时间20分钟仍未找到，则应向散客部或计调部报告，请计调人员协助查询，并随时保持联系，当确认实在无法找到旅游者时，在计调人员或有关负责人同意后，方可停止寻找，离开饭店。

若导游人员要送站的旅游者与住在其他饭店的旅游者合乘一辆车去机场（车站、码头），则要严格按照约定的时间顺序抵达各饭店。

若合车运送旅游者途中遇到严重交通堵塞或其他极特殊情况，需调整原约定的时间顺序和行车路线，导游人员则应及时打电话向散客部或计调部报告，请计调人员将时间上的变化通知下面饭店的旅游者，或请其采取其他措施。

（4）送站工作

在送散客到机场（车站、码头）途中，导游人员应向旅游者征询在本地停留期间或游览过程中的感受、意见和建议，并代表旅行社向旅游者表示感谢。

散客到达机场（车站、码头）后，导游人员应提醒和帮助旅游者带好行李和物品，协助旅游者办理机场税。在一般情况下，机场税由散客自付；但送站计划上注明代为散客缴纳机场税时，导游人员应照计划办理，回去后再凭票报销。

导游人员在同旅游者告别前，应向机场人员确认航班是否准时起飞。若航班推迟起飞，则应主动为旅游者提供力所能及的服务和帮助。

若确认航班准时起飞，导游人员则应将旅游者送至隔离区入口处，同其告别，热情欢迎他们下次再来。若有旅游者再次返回本地，则要同旅游者约好返回等候地点。旅游者若乘国内航班离站，导游人员则要在飞机起飞后方可离开机场。

若送旅游者去火车站，导游人员要安排好旅游者从规定的候车室上车入座，协助旅游者安顿好行李后，将车票交给旅游者，然后同其道别，欢迎再来。

（5）结束工作

由于散客经常有临时增加旅游项目或其他变化的情况而需要导游人员向旅游者收取各项费用，因此，在完成接待任务后，应及时结清所有账款，并及时将有关情况反馈给散客部或计调部。

二、团队旅游

（一）团队旅游的概念

团队旅游是以旅行社为主体的集体旅游方式，由旅行社或中介机构对旅行进行行程安排和计划，团队成员遵从旅行社安排统一进行旅行，采用包价一次性提前支付旅费并在某些项目上可享受团队折扣优惠的新型旅游方式。团队旅游通常是指10人以上的团体共同出游。

旅行社提供线路，游客选择购买，然后游客在规定的时间、地点、景区，在导游的陪同下，乘坐交通工具，入住预订的宾馆，按照规定的线路完成食、住、行、游、购、娱等旅游过程。

（二）团队旅游与散客旅游的区别

1. 旅游活动安排方式

散客旅游其外出旅游的计划和旅游行程都是由自己来安排。当然，不排除他们与旅行社产生各种各样的联系。

旅游团队的食、住、行、游、购、娱一般都是由旅行社或旅游服务中介机构提前安排。

2. 人数多少

散客旅游以人数少为特点，一般由一个人或几个人组成。散客旅游可以是单个的旅游者，也可以是一个家庭，还可以是几个好友。

旅游团队一般由 10 人以上的旅游者组成。

3. 服务内容

旅游团队是由组织按预定的行程、计划进行旅游的。而散客旅游的随意性很强，变化多，服务项目不固定，而且自由度大。

4. 付款方式和价格

散客旅游的付款方式有时是零星现付，即购买什么，购买多少，按零售价格当场现付。旅游团队是通过旅行社或旅游服务中介机构，采取支付综合包价的形式，即全部或部分旅游服务费用由旅游者在出游前一次性支付。由于团体旅游的人数多，购买量大，在价格上有一定的优惠。

散客旅游则是零星购买，相对而言，数量较少。所以，散客旅游的服务项目的价格比团队旅游的服务项目的价格相对贵一些。另外，每个服务项目散客都按零售价格支付，而团队旅游在某些服务项目（如机票、住房）上可以享受折扣或优惠，因而，相对较为便宜。

5. 服务难度

散客旅游没有领队和全陪，服务难度更大。

（三）团队旅游导游服务人员的组成

团队旅游导游服务集体一般由全陪、地陪和领队组成。他们组成旅游团队导游服务集体，按照旅游协议，共同承担并实施旅游接待计划，沟通旅游服务各方面关系，为旅游团队的游客提供或落实食、住、行、游、购、娱等方面的服务；使游客在优质的服务中获得一个美好的经历，从而保证整个旅游活动顺利有序地进行。旅游团队的导游服务人员作为各自旅行社的代表，既有分工，行使各自的职责，又有合作，共同保证旅游团多项计划的落实与进展，为旅游团提供满意的服务。

（四）团队旅游服务程序

1. 地陪导游服务程序

地陪规范服务流程是指地陪自接受了旅行社下达的旅游团接待任务起至送走旅游团整个过程的工作流程。

地陪服务是确保旅游团（者）在当地参观游览活动的顺利，并充分了解和感受参观游览对象的重要因素之一。地陪应按时做好旅游团（者）的迎送工作；严格按照接待计划，做好旅游团（者）参观游览活动中的导游讲解工作和计划内的食宿、购物、文娱等活动的安排；妥善处理各方面的关系和出现的问题。

地陪导游服务的工作程序主要包括八个步骤，即准备工作—接站服务—入店服务—核定日程—参观游览—餐饮、娱乐、购物服务—送站服务—后续工作。

2. 全陪导游服务程序

全陪服务是保证旅游团（者）的各项活动按计划实施，旅行顺畅、安全的重要因素之一。全陪作为组团社的代表，应自始至终参与旅游团（者）活动中各环节的衔接，监督接待计划的实施，协调领队、地陪、司机等旅游接待人员的协作关系。全陪应严格按照服务规范提供各项服务。

全陪规范服务流程和地陪规范服务流程的概念相似，它是指全陪自接受了旅行社下达的旅游团（者）接待任务起至送走旅游团（者）整个过程的工作程序。

全陪导游服务的工作程序主要包括八个步骤，即准备工作—首站接团—入住饭店—核定日程—转站服务—各站服务—末站送团—后续工作。

3. 出境领队服务程序

随着人民生活水平的提高，有越来越多的人自费出国旅游，出国旅游已经成为一种时尚。

出境领队是经国家旅游行政管理部门批准的，经营出境业务的旅行社委派的出国旅游团队的专职服务人员，代表该旅行社全权负责旅游团在境外的旅游活动。

出境领队的工作程序主要包括三个步骤，即准备工作—全程陪同服务—后续工作。

第二章　导游人员的职业形象

第一节　导游基础理论

一、导游的内涵及类型

（一）导游的内涵

在日常工作中，导游服务的主体又被称为导游、导游员或导游人员。这三者含义是不同的。"导游"一词有多层含义，既可指导游工作、导游业务、导游服务，也可用作对导游工作人员的简称。

导游人员，是指依照本条例的规定取得导游证，接受旅行社委派，为旅游者提供向导、讲解及相关旅游服务的人员。所以，应将导游服务主体称为"导游人员"。

导游员是指从事旅游向导、讲解及旅途服务工作的人员。

结合以上内容，我国导游的定义应表述为：导游是指取得导游证，接受旅行社委派，为游客提供向导、讲解及其他服务的人员。

对导游的内涵可从以下几个方面来理解。

第一，在现代旅游活动中，人们远离常住地来到异国他乡，追求物质和精神生活的满足。其活动空间极其广阔，活动内容十分复杂。但如果没有导游的参与，这些都会黯然失色。所以，在国际旅游界形成了这样的共识：没有导游的旅行，是不完美的旅行，甚至是没有灵魂的旅行。

第二，导游的工作范围很广。既要指导参观游览，提供导游讲解服务；又要落实安排游客的食、住、行、游、购、娱等活动，提供生活服务；还要与游客沟通思想、交流感情、建立友谊。因此，导游为游客提供的服务是智力与操作兼而有之的综合性劳动服务。

第三，旅游是当今世界最大规模的民间交往活动。在旅游活动中，导游通过自己的辛勤劳动，增进了各国人民和各民族之间的相互了解与友谊，客观上也带动了旅游地经济和社会发展，促进了民族文化的传承和自然生态环境的保护，为旅游业快速、健康和可持续发展做出了贡献。

第四，导游服务的性质和任务，决定了从事这项工作的人必须具备一定的资格和条件。只有通过旅游管理部门的审查、考核后，获取从业资格证书，并在工作中不断提高自己的业务水平，方可成为一名合格的导游。

（二）导游的类型

因导游服务范围广泛、对象复杂，加之各国各地区的具体情况不尽相同，这使得世界各国对导游的分类方法不一，很难有一个世界公认的统一分类标准。

1. 按业务范围划分

按照业务范围，可将我国导游分为以下四种类型。

（1）出境旅游领队

出境旅游领队是指依法取得从业资格，受组团社委派，全权代表组团社带领旅游团出境旅游，监督境外接待旅行社和导游等执行旅游计划，并为游客提供出入境等相关服务的工作人员。

（2）全程陪同导游

全程陪同导游（简称全陪）是指受组团旅行社委派，作为组团社的代表，在领队和地方陪同导游的配合下实施接待计划，为旅游团（者）提供全程服务的工作人员。这里的组团旅行社（或组团社）是指接受旅游团（者）或海外旅行社预订，制订和下达接待计划，并可提供全程导游服务的旅行社。这里的领队是指受海外旅行社委派，全权代表该旅行社带领旅游团队从事旅游活动的工作人员。

（3）地方陪同导游

地方陪同导游（简称地陪），是指受地方接待旅行社委派，代表地接社实施接待计划，为旅游团（者）提供当地旅游活动安排、讲解、翻译等服务的工作人员。这里的地方接待旅行社（或地接社）是指接受组团社的委托，按照接待计划委派地方导游负责组织安排旅游团（者）在当地参观游览等活动的旅行社。

（4）景区导游

景区导游是指在旅游景区，包括博物馆、自然保护区等为游客进行导游讲解的工作人员。

2. 按照职业性质划分

按照职业性质，可将我国导游分为以下两种类型。

（1）旅行社专职导游

旅行社专职导游是指在一定时期内被旅行社固定聘用，以导游工作为其主要职业的导游。这类导游大多数受过中、高等教育，或受过专门训练，为旅行社正式员工，专职为旅行社带团，并由旅行社支付劳动报酬、缴纳社会保险费用。

（2）社会导游

社会导游主体是取得导游资格证书并在相关旅游行业组织（导游协会）注册而取得导游证的导游，但也包括旅行社临时特聘的导游。社会导游有自由执业导游和兼职导游两类。

①自由执业导游

自由执业导游是以导游工作为主要职业，但并不受雇于固定的旅行社，而是通过签订临时劳动合同为多家旅行社服务，或者通过导游自由执业平台为散客提供导游服务的人员。自由执业导游是西方大部分国家导游队伍的主体，近年来在我国导游队伍中也占据了主体地位，其主要收入来源是旅行社（或游客）支付的导游服务费。

②兼职导游

兼职导游亦称业余导游，是指不以导游工作为主要职业，而是利用业余时间从事导游工作的人员。目前这类导游可细分为两种：一种是通过国家导游资格考试并取得导游证但只是兼职从事导游工作的人员，他们一般有其他职业，只在空闲时帮助旅游企业带团；另一种是没有取得导游证，但具有特定知识或语种语言能力，受聘于旅行社，临时从事导游工作的人员。兼职导游是我国导游队伍中一支不可缺少的生力军。

3. 按使用语言划分

按照使用语言，可将我国导游分为以下两种类型。

（1）中文导游

中文导游是指使用普通话、地方话或者少数民族语言从事导游业务的导游。目前，这类导游的服务对象主要是国内旅游中的中国公民和入境旅游中的港、澳、台同胞。

（2）外语导游

外语导游是指运用外语从事导游业务的导游。目前，这类导游的服务对象主要是入境旅游的外国游客和出境旅游的中国公民。

二、导游的职业道德与修养

加强职业道德教育、进行精神文明建设，具有特别重要的意义。当前，旅游行业精神文明建设的目标：以"全心全意为旅游者服务"为宗旨，立足岗位做奉献，全面提高从业人员的政治和业务素质，逐步规范行业行为，树立起积极、健康、文明的旅游行业新风尚。

建设旅游行业精神文明需要全行业的共同努力，其关键在于提高旅游从业人员的素质，尤其是道德素质。我们要强调职业道德建设，提高导游的道德素质，使其成为有理想、有道德、有文化、有纪律的社会主义旅游工作者；加强职业道德建设，提高导游的服务意识，使其以真心诚意的服务态度接待游客，为他们提供高质量的导游服务；加强职业道德建设，提高导游的道德水平和思想觉悟，抵制"精神污染"，反对并纠正旅游行业的不正之风，从而推动我国旅游业的健康发展，使旅游活动产生更大的社会效益和更高的经济效益。

（一）导游的职业道德

1. 道德与职业道德

道德是一种社会意识形态，是在一定社会中调整人与人之间以及个人与社会之间关系的行为规范的总和。它以善和恶、正义和非正义、公正和偏私、诚实和虚伪等道德观念来评价人们之间的关系；通过多种形式的教育和社会舆论的力量使人们形成一定的信念、习惯、传统而发生作用。社会经济基础在不断变化，道德标准亦随之变化。道德建设重在教育、贵在培养，导游应加强道德建设，树立正确的世界观、人生观、价值观。

职业道德是社会道德在职业行为和职业关系中的具体体现，是整个社会道德生活的重要组成部分。职业道德是指从事某种职业的人员在工作或劳动过程中应遵守的与其职业活动紧密联系的道德规范和原则的总和。导游只有树立良好的职业道德、遵守职业守则、安心本职工作、勤奋钻研业务，才能提高自身的职业能力和素质，在竞争中立于不败之地。

2. 导游职业道德

导游职业道德是指导游在工作的过程中所应遵循的与其职业相适应的道德原则和道德规范的总和，也可以说是导游在工作中所享有的基本权利和基本义务，它既赋予导游可以做出一定行为或不做出一定行为的权利，又要求导游必须依法承担相应的责任。

（1）爱国爱企、自尊自强

爱国爱企、自尊自强不仅是导游必须遵守的一项基本道德规范，也是社会主义各行各业必须遵守的基本行为准则。它要求导游在工作中要始终站在国家和民族的高度，要时刻以国家和企业利益为重，要有民族自尊心和自信心，为国家和企业的发展多做贡献。

（2）遵纪守法、敬业爱岗

遵纪守法、敬业爱岗要求各行各业人员除了要遵守国家的法律、法规，还要遵守各自本职行业的一些规范和规定。对于导游来说，他们除了要遵守国家的法律、法规外，还要遵守旅行社的制度和《导游人员管理条例》的规定，执行导游服务质量标准，敬业爱岗。

（3）公私分明、诚实善良

公私分明、诚实善良对导游的要求：在工作中，要能够自觉抵制各种诱惑，不为一己私利而损害游客利益；对待游客要诚实守信，不弄虚作假、不欺骗游客，严格履行合同的规定，杜绝随意增减景点和购物点的行为，维护游客的合理利益。

（4）克勤克俭、宾客至上

克勤克俭、宾客至上是导游处理与游客关系的一条基本行为准则。它要求导游充分发挥主动性、积极性、创造性；发扬我国勤俭节约、热情好客的优良传统；要有很强的服务意识，能够始终把游客的利益放在第一位，想游客之所想、急游客之所急，把游客满意度作为衡量自己工作的唯一标准。

（5）热情大度、清洁端庄

热情大度、清洁端庄是导游在接待游客的过程中应当具备的基本道德品质和道德情操。导游要做到不管游客的态度如何，始终将微笑挂在脸上，关心游客，为游客着想。导游还要注意自己的仪容仪表，做到穿着得体、干净大方，使游客有舒心、满意之感。

（6）一视同仁、不卑不亢

一视同仁、不卑不亢要求导游在整个旅游过程中要做到不因游客的地位、钱财、容貌和肤色而区别对待。此外，导游还要树立爱国主义的思想，对待游客要礼貌尊重，同时不卑不亢，真正体现出我国导游的国格和人格。

（7）耐心细致、文明礼貌

耐心细致、文明礼貌是导游一项最重要的业务要求，它是衡量导游工作态度的一项重要标准。导游对待游客要像对待家人一样耐心、细心、热心，尽自己最大的努力帮助游客解决遇到的问题。导游还要尊重每一位游客的不同生活习惯、民族风俗等，对待每一位游客要举止文雅、态度友善。

（8）团结服从、顾全大局

团结服从、顾全大局是集体主义原则在导游工作中的具体体现，它要求导游在服务游客的过程中必须以国家和集体的利益为重，讲团结、顾大局，要能够处理与他人之间的关系，杜绝相互指责的现象发生。

（9）优质服务、好学向上

衡量导游道德素质高低的标准是看其是否具有优质服务的意识，导游在工作的过程中必须时刻树立优质服务的意识，对于游客提出的问题要尽心、尽职、尽责地解答；此外，导游还要善于学习、勤于思考，不断提高自己的道德修养和业务水平。

（二）导游的修养

导游为了提高导游业务水平，处理好导游服务中各方面的人际关系和各种复杂情况，应当加强自身的修养。导游须加强自身修养的方面很多，其中主要有情操修养、气质修养和知识修养。

1. 情操修养

情操是由情感和思想综合起来的、不易改变的心理状态或情感倾向。它通常表现为人们对事物的一种执着的信念和追求。所谓"富贵不能淫，贫贱不能移，威武不能屈"就是人们对高尚情操的赞誉和称颂。导游的情操培养应以导游服务为中心，围绕对国家、对集体、对游客和对自己从事的工作来进行。

（1）对国家要树立爱国心，即热爱祖国、热爱社会主义

导游在工作中要努力把个人的利益融于国家利益之中，将导游服务同国家旅游业的发展密切结合起来，具有强烈的事业心和社会责任感。

（2）对集体要树立集体主义精神

导游服务是旅游接待工作的一部分，而旅游接待是由旅行社和其他相关接待单位共同完成的。它们共同组成了一个接待体系，导游只是这个体系中的一分子。所以，导游应将自己融于这个体系之中，依靠集体，通力协作，发挥集体主义精神，才能把工作做好。

（3）要树立全心全意为游客服务的思想

游客是旅游活动的主体，没有游客就没有旅游接待，也就没有导游服务。游客的满意与否是检验旅游接待工作，从而也是检验导游服务好坏的最终标准。所以，导游只有全心全意地为游客服务，想游客之所想，急游客之所急，才能赢得游客的信赖、支持和配合，使他们旅途愉快，高兴而来，满意而归。

（4）对自己的工作要有爱业、敬业精神

首先，导游要热爱自己的工作，这是做好导游服务工作的前提。只有热爱，才能孜孜不倦地努力，才能有把工作做好的决心和信心。其次，要有敬业精神，要有理想和信念。这样，工作才有目标和方向，才能发愤图强，在工作中勇于实践、勇于创造，使自己成为有理想、有道德、有文化、有纪律的人。

2. 知识修养

导游的知识修养包括学风修养和文化修养。

（1）学风修养

学风即学习的风气。导游服务工作是一种知识密集型的工作，要把这项工作做好，为游客提供优质的服务，需要博而专的知识，因此，导游应该养成良好的学风。首先，导游要勤奋好学；其次，要善于学习，要讲究学习的方法；最后，要谦虚好问。除向书本学习之外，要向其他导游学习，向游客学习，向所到之地的当地人员学习，要虚怀若谷，能者为师，将学习到的知识进行再加工，使之为我所用。

（2）文化修养

文化修养包含的内容甚为丰富，知识、艺术鉴赏能力、兴趣爱好、审美情趣和礼节

礼貌等都属于文化修养的范畴。导游除了要不断地丰富和更新知识外，还应当提高自己的艺术鉴赏能力，培养高尚的情趣和美好的情操，能引导游客赏景审美，能适时调动游客的游兴，使旅游活动充满情趣和愉悦，使自己成为受游客欢迎的导游。

3. 气质修养

气质是一个人相当稳定的个性特点，俗称气度、脾气、秉性或性情。气质对一个人的工作态度、工作方式和工作作风会产生影响。

导游服务面向的是来自五湖四海、各行各业的游客，对导游的气质有其特定的职业要求。一方面，导游的工作要严格按照旅游接待计划的安排和导游服务质量标准行事，不允许有明显的个性表现，不能因个人的情绪减少旅游服务项目、降低服务标准，更不能因对游客有看法、有意见，甩手不管或弃团而去。另一方面，导游是旅行社的代表，对外还体现了旅游目的地国家的形象，它要求导游不仅对游客要彬彬有礼、落落大方，而且对客服务要主动、热情、勤勉、灵活。因此，导游要能按上述要求较快地使自己进入导游服务角色，为游客所认可、所信赖，应当加强自己的气质修养，在实践中经受磨炼，主动扬长避短，使自己的气质较快地适应导游服务工作特性的要求。

（三）导游的行为规范

为了保护国家利益，维护祖国的尊严和导游的荣誉，发展我国旅游业，导游必须加强法纪观念，遵守国家的法律法规和行纪行规，在带领游客旅游过程中自觉约束自己的行为。

1. 忠于祖国，坚持"内外有别"原则

导游不得有损害国家利益和民族尊严的言行，不得擅自带领游客进入保密禁区、军事要地参观、游览；不得泄露旅游团收费细目，在游客面前，不谈论内部情况，在涉外场合，不携带内部文件。

2. 严格按规章制度办事，执行请示汇报制度

导游应严格按照旅行社确定的接待计划安排旅行、游览活动，不得擅自增加、减少旅游项目或者中止导游活动；遇到重大情况和问题（如治安事故、交通事故等），要及时汇报，非紧急情况不得擅自决定或处理；凡是自己没有把握的事情，都应向旅行社请示。旅行、游览中遇有可能危及游客人身安全的紧急情形时，须征得多数游客的同意，方可调整或变更接待计划，但应立即报告旅行社；在引导游客旅行、游览过程中，应就可能发生危及游客人身、财物安全的情况，向游客做出真实说明和明确警示，并按照旅行社的要求采取防止危害发生的措施。

3. 自觉遵纪守法

遵纪守法是每个公民的义务。导游作为旅游行业的形象和代表，在导游服务工作中

应遵守国家和旅游行政部门的有关法规。导游在进行导游活动时，应当佩戴导游身份标识，开启导游执业相关应用软件，携带旅游接待计划或电子行程单。10人以上团队应打接待社社旗；不得私自转借导游证供他人使用。导游不得私自承揽或者以其他任何方式承揽导游业务。导游不得擅自改变旅游合同安排的行程（包括减少游览项目或者缩短游览时间、增加或者变更游览项目、增加购物次数或者延长购物时间以及其他擅自改变旅游合同安排的行为）。导游不得因游客拒绝参加旅行社安排的购物活动或者需要游客另行付费的旅游项目等情形，以任何借口、理由，拒绝继续履行合同、提供服务，或者以拒绝继续履行合同、提供服务相威胁。导游不得向游客兜售物品或者购买游客的物品。导游不得以明示或者暗示的方式向游客索要小费。导游不得欺骗、胁迫游客消费或者与经营者串通欺骗、胁迫游客消费。导游不得套汇、炒汇，也不得以任何形式向海外游客兑换、索取外汇。导游不得带客人到非定点餐馆、商店就餐、购物。

第二节　导游礼仪

一、导游的仪容仪表礼仪

（一）导游的仪容礼仪

仪容仪表是人的外在表现。仪容即人的容貌，是个人礼仪的重要组成部分。仪容在个人仪表美中占有举足轻重的地位。导游在完善自身的仪容礼仪时，应注意以下几点要求。

首先，仪容的修饰要考虑时间和场合。同样的仪容修饰在不同的时间和场合有着截然不同的效果。其次，在公众场合不能当众进行仪容修饰。众目睽睽之下修饰仪容既不尊重自己，也有碍他人，是极为失礼的。最后，完善自身的仪容需内外兼修。

导游的仪容礼仪主要包括面部化妆礼仪、头发的护养礼仪和香水的使用礼仪等方面。

1. 面部化妆礼仪

化妆是一门艺术，又是一种技巧，它不是单纯地涂脂抹粉，更不是把自己打扮得花枝招展，而是塑造一副淡雅清秀、健康自然、鲜明和谐、富有个性的形象。

（1）正确认识自己

大多数人的面容都不是十全十美的，都有这样或那样不尽如人意的地方。化妆的目的是在扬长避短的原则下，寻找并突出自己面部最富魅力的部位，掩盖或削弱有缺陷的地方，这样才能起到化妆的效果。

（2）以自然修整为准

生活中的美容化妆，以修整统一、和谐自然为准则。恰到好处的化妆，给人以文明、整洁、雅致的印象。浓妆艳抹，矫揉造作，过分的修饰、夸张，都是不可取的。

（3）妆容与环境相适应

化妆或浓或淡要视时间、场合而定。在日光下、工作时间和工作场合只适合化淡妆。晚上，参加舞会、宴会等社交活动时，可穿着艳丽、典雅的服装，在灯光照耀下妆色可浓些，可使用发亮的化妆品。导游带团时，不要化浓妆。在秀丽的湖光山色中，最自然的就是最美的。

（4）化妆禁忌

①不要当众化妆。

②不要非议他人的妆容。

③不要借用别人的化妆品。

④男士的化妆要体现男子汉的气概，应根据自己的年龄和脸形，稍稍修整眉型和发型，同时也应该保持皮肤的清洁，合理使用护肤品。

2. 头发的养护礼仪

头发也是构成仪容礼仪的要素之一，直接影响到别人对你的印象。拥有整洁干净的头发是社交礼仪中最基本的要求。在当今社会，头发的功能已不是单纯地表现人的性别，而是更全面地表现着一个人的道德修养、审美情趣、知识结构及行为规范。任何一个人都可能通过某人的发型准确地判断出其职业、身份、受教育程度及卫生习惯，更可能感受到他（她）身心是否健康以及对待生活和事业的态度。

3. 香水的使用礼仪

适当使用香水，其芬芳的香味能提神醒脑、驱浊除味，会使自己魅力倍增、风度迷人。正确使用香水，需注意以下禁忌。

（1）忌用量过多

香水在使用时应注意适量，一般情况下，1米范围内能够闻到淡淡的幽香较为合适，若在3米左右的距离内仍可闻到香味就显得过量了。

（2）忌使用部位不当

香水中的香精和酒精在紫外线的作用下会刺激皮肤，易出现色素沉淀，所以涂抹香水的部位最好是光线照射不到的地方。如腋下、耳后、手臂内侧等。不要喷在手背、额头等暴露部位，比较妥当的办法是在衣领、衣角、手帕上喷一点，任其自然挥发。

（3）忌不洁使用

要使香水发挥应有的作用，务必先洗澡，驱除不洁气味。用香水掩盖异味是不正确的。

（4）忌不同香水混合使用

不同品牌、不同系列、不同香型的香水不能混合使用，以免掩盖不同香水的香气特点和产生副作用。

（二）仪表服饰礼仪

仪表可以表现人的精神状态和文明程度，也体现着对他人的尊重。衣着得体、修饰恰当、风度优雅可以给人以朝气蓬勃、值得信赖、热情好客的感觉。仪表服饰礼仪是一门艺术、一种文化、一种语言，是导游给游客留下良好"第一印象"的重要组成部分。

1. 着装的基本原则

（1）TPO原则

TPO原则是人们着装的总原则。在英语中是Time（时间）、Place（地点）、Occasion（场合）三个单词的首字母。它是指人们在着装时，要注意时间、地点、场合并与之相适应。

①与时间相适应。在西方，不同的时间里有不同的着装要求。例如男士在白天不能穿小礼服和晚礼服，在夜晚不能穿晨礼服；女士在日落前则不能穿过于裸露的礼服。

②与地点相适应。这是指根据不同国家、不同地区所处的地理位置和自然条件的要求来着装。例如在气候炎热的地方，服装以浅色或冷色调为主；在寒冷的地区，服装则以深色或暖色调为主。

③与场合相适应。这里的场合主要是指上班、社交、休闲三大场合。上班要穿得整洁、大方、美观，不可过分妖艳。社交装要穿得时髦、时尚又不失高雅，在出席婚礼、宴会等重要场合时，女士既可以穿西装和中式服装，也可以穿旗袍和晚礼服；男士可以着中山装，也可以着正规西装，但必须系领带。休闲装则要穿得宽松、舒适、随意，棉质的衬衣、T恤、牛仔装是郊外游玩的首选，穿上它们可以使人显得轻松和惬意。

（2）配色原则

一般来说，黑、白、灰是服装搭配时最常用的三种颜色，它们最容易与其他颜色的服装搭配并取得很好的效果。因此，这三种颜色也被称作"安全色"。除此之外，服装色彩的搭配要遵循上深下浅或上浅下深的原则。可采取同类型配色或衬托配色的方式，例如，绿色配黄色、浅蓝配粉红、深蓝配红色等。

不同颜色的服装穿在不同的人身上也会产生不同的效果。如深色的衣服，特别是黑色、深蓝色、深咖啡色等给人以收缩感，瘦人穿着显得更加瘦小，而胖人穿着则会显得苗条。反之，浅色的衣服给人以扩张感，适宜瘦人穿着。

2. 着装的基本要求

（1）要与年龄相协调

不同年龄的人有不同的审美观和不同的穿着要求。年龄大些的人喜欢着深色保守款以显成熟稳重；年龄小些的人喜欢着亮色时尚款以显青春活泼。

（2）要与体形相协调

服饰要因人而异、扬长避短。瘦者穿浅色、横条纹、大花图案的衣服可以显得圆润丰满些；胖者穿深色、竖条纹的衣服则可显得苗条清秀些。肤色较深的人穿浅色服装会显得时尚健美；肤色较白的人穿深色服装更能显出皮肤的细腻白嫩。

（3）要与职业相协调

导游是旅游地的形象大使，不宜染头发、穿奇装异服，否则会使游客感觉缺乏亲和力，应该选择适合户外工作特点、大方得体的服饰。

（4）要与环境相协调

在喜庆场合不能穿得太古板，在悲伤场合不能穿得太花哨，在庄重场合不能穿得太随意，在休闲场合不能穿得太隆重。高跟鞋和西服套裙显得高雅大方，适合在参加宴会时穿着，但不适于去登高探险、郊外野营。

3. 正装的着装规范

在某些正式场合导游需要着正装出席，男士对于着西装、女士对于着套裙的规范都需要掌握。

（1）男士西装的着装规范

①西服的穿法

要拆除衣袖上的商标：在正式穿西服之前，一定要将商标拆除。有的人故意将商标露在外面显示其西服的品牌和档次，这是十分不妥的。

要熨烫平整：在每次正式穿着西装前要进行熨烫，穿着后及时挂起，以保证下次穿着时平整挺括。

要系好纽扣：穿西服时，上衣、背心与裤子的纽扣都有一定的系法。通常，单排两粒扣式的西服上衣，讲究"扣上不扣下"，即只系上边那粒纽扣，或全部不系，单排三粒扣式的西服上衣，要么只系中间那粒纽扣，要么系上面那两粒纽扣。而双排扣的西服上衣必须系上所有纽扣，以示庄重。穿西服背心，不论是单独穿着，还是与西服上衣配套，都要认真地系上纽扣。

在一般情况下，背心只能与单排扣西服上衣配套。背心也分为单排扣式和双排扣式两种。根据着装惯例，单排扣式西服背心的最下面那粒纽扣应当不系，而双排扣式西服背心的纽扣则必须全部系上。

要不卷不挽：在公众场合，任何情况下都不要将西服上衣的衣袖挽上去，也不能随意卷起西裤的裤管，这样会给人以粗俗之感。

要慎穿毛衫：男士要将一套西服穿得有"型"有"款"，除了衬衫与背心之外，在西服上衣之内，最好不要再穿其他任何衣物。在气候寒冷的地区，只能加一件薄型"V"领羊毛衫或羊绒衫。这样既不会显得过于花哨，也不会妨碍自己打领带。不要去穿色彩、图案十分复杂的羊毛衫或羊绒衫，也不要穿扣式的开领羊毛衫或羊绒衫，否则会使西服变形走样，给人以臃肿感。

要巧妙搭配：西服的标准穿法是衬衫之内不再穿其他衣物。至于不穿衬衫，而以T恤直接与西服搭配的穿法，在正式场合是不允许的。

要少装东西：为使西服穿着时在外观上保持笔挺、不走样，就应当在西服的口袋里少装东西或不装东西。具体而言，西服不同的口袋发挥着各不相同的作用。上衣左侧的外胸袋除可以插入一块用以装饰的真丝手帕外，不应再放其他任何东西，尤其不应当放钢笔、挂眼镜。内侧的胸袋，可以用来放钢笔、钱夹或名片夹，但不要放过大过厚的东西或叮当作响的钥匙串等物。外侧下方的两只口袋，原则上不放任何东西。

在西服背心上，口袋大多只起到装饰作用。除可以放置怀表外，不宜再放别的东西。在西服裤子上，侧面的两只口袋只能放纸巾、钥匙包或者钱包。其后侧的两只口袋，一般不放任何东西。

②在穿着正装衬衫时还要注意以下几点

衣扣要系上：穿西装的时候，衬衫的所有纽扣都要一一系好。在穿西装而不打领带的时候，必须解开衬衫的领扣。

袖长要适度：穿西装时，衬衫的袖子最好露出西服袖口 2 厘米左右。

下摆要放好：穿长袖衬衫时，不论是否穿外衣，都要将下摆均匀掖进裤腰之内。

大小要合身：除休闲衬衫外，衬衫既不宜过于短小紧身，也不应过分宽松肥大。

③鞋袜

与西服配套的鞋子只能是皮鞋，其颜色宜选用深色和单色。黑色皮鞋可以和任何颜色的西装配套。男士在穿西服、皮鞋时所搭配的袜子，以深色和单色为宜，并且最好是黑色的。

（2）女士套裙的穿法

①套裙的上衣可以短至腰部，裙子可长达小腿的中部。一般情况下，上衣不宜太短，裙子也不宜过长。上衣的袖长不超过着装者的手腕，裙子不盖过脚踝。

②穿着到位。在穿着套裙时要将上衣的领子完全翻好，衣袋的盖子要拉出来盖住衣袋；不允许将上衣披在身上，或者搭在身上，裙子要穿着端正，上下对齐。女士在正式场合穿套裙时，上衣的衣扣必须全部系上，不允许将其全部或部分解开，更不允许当着别人的面随便将上衣脱下。

③考虑场合。女士在各种正式的商务交往之中，一般以穿着套裙为好。在出席宴会、舞会、音乐会时，可酌情选择适合参加这类活动的礼服或时装。

④协调妆饰。女性导游在工作岗位上要突出的是工作能力和敬业精神，而非自己的性别特征和靓丽容颜，所以应当只化淡妆，恰到好处即可。就佩饰而言，饰物以少为宜，要合乎自己的职业和身份。不允许佩戴过度张扬自己"女人味"的耳环、手镯、脚链等首饰。

⑤女士在选择与套裙相配的鞋袜时，要注意：鞋袜应当大小适宜、完好无损，鞋袜不可当众脱下，不允许穿两只不同的袜子，不可将袜口暴露在外。

二、导游的言谈举止礼仪

（一）导游的言谈礼仪

1. 交谈礼仪

语言是内心世界的表现，一个人的教养和为人在交谈中会自然流露出来。导游的工作中"言谈交流"是很重要的组成部分，掌握交谈中的一些基本规则和技艺，是拉近与游客距离的良方。

（1）基本规则

①委婉含蓄，表达巧妙。例如在外交场合，通常以"遗憾"代替"不满"，以"无可奉告"代替"拒绝回答"；在社交场合，以"去洗手间"代替"厕所在哪儿"，这些都是委婉含蓄的表达方式。

②善于倾听，给别人以说话的机会。这样才能在听取别人谈话的同时，获得对方的好感。倾听时要集中注意力，要主动反馈，要尊重对方意见。

③坦率诚恳，切忌过分客气。欧美人习惯率直地表达自己的意见，只要言语不唐突，直抒己见反而更易获得好感。日本人交谈时比较含蓄，而且会不时地应和对方。

④大方自然。交谈时，要自信、大方、自然，不能扭捏腼腆、惊慌失措或心不在焉。

⑤照顾全局。多人交谈时，要照顾大家，要与多数人谈话，不要冷落任何人。

⑥诙谐幽默，避开矛盾的锋芒。幽默风趣的话语不仅令人愉快，还能化解由于各种

原因引起的紧张情绪和尴尬气氛。

（2）忌谈话题

①非特殊场合不要涉及疾病等不愉快的话题。

②回避对方的隐私。对女士一般不询问其年龄和婚姻情况；对一般人，不直接询问他的履历、工资收入、家庭财产、衣饰价格等私人的问题。

③对方不愿意回答的问题不要刨根问底，对方反感的问题一旦提出则应表示歉意或立即转移话题。

④不要批评长辈和身份高的人，不要讥笑讽刺他人。

⑤不能用词尖酸刻薄，恶语伤人。

⑥不能用傲慢失礼的话伤害对方的自尊心。

⑦和外国游客交谈不得胡言乱语或泄露国家机密。

（3）控制音调

在与人交谈时要注意控制音调，尤其是讲话时尖而响的声音容易引起旁人的反感。一个音量适宜、清晰可辨的声音更能吸引人们的注意力并博得信任和尊敬。

2. 礼貌用语

"谢谢你""对不起""请"这些礼貌用语，如使用恰当，对融洽人际关系会起到意想不到的作用。

无论别人给予你的帮助是多么微不足道，都应该诚恳地说声"谢谢"。对他人的道谢要答谢，答谢可以用"没什么""别客气""我很乐意帮忙""应该的"来回答。

道歉时最重要的是有诚意，切忌道歉时先辩解，好似推脱责任；同时要注意及时道歉，犹豫不决会失去道歉的良机。在涉外场合需要请人帮忙时，说句"对不起，你能帮我一下吗"，则能体现一个人的谦和及修养。

几乎在任何需要麻烦他人的时候，"请"都是必须挂在嘴边的礼貌语，如"请问""请原谅""请留步""请用餐""请指教""请稍候""请关照"等。频繁使用"请"字，会使话语变得委婉而有礼貌，是比较自然地把自己的位置降低而将对方的位置抬高的最好办法。

3. 交谈的最佳距离和角度

在社交场合，要注意保持交谈的最佳距离和角度。不同的国家对此有不同的习惯。两个人交谈的最佳距离为1米，但意大利人经常保持0.3～0.4米。从卫生角度考虑，交谈的最佳距离为1.3米，这样就不至于因交谈而感染由飞沫传染的疾病。此外，交谈时最好有一定的角度，两人可在对方的侧面斜站，形成30°为最佳，避免面对面。这个距离和角度，既无疏远之感，又文明卫生。

（二）导游的举止礼仪

1. 站、坐、走姿礼仪

（1）站姿礼仪

导游的站姿要给游客一种谦恭有礼的感觉。其基本要领：头正目平、面带微笑、肩平挺胸、立腰收腹、两臂自然下垂，两膝并拢或分开与肩同宽。

站立时不要两手叉腰或把手插在裤兜里，更不要有怪异的动作，如抽肩、缩胸、乱摇头、擤鼻子、掐胡子、舔嘴唇、拧领带、不停地摆手等。站着与人交谈时，两臂可随谈话的内容做些适度的手势，但动作幅度不可过大。在正式场合，不宜将手插在裤袋里或交叉在胸前，更不要下意识地做些小动作。那样不但显得拘谨，给人缺乏自信和经验之感，而且也有失仪态的庄重。

站立时应注意：向人问候或做介绍时，不论握手或鞠躬，重心应在中间，膝盖要挺直。总之，站姿应该自然、轻松、优美，不论呈何种姿势，改变的只是脚的位置和角度，而身体要保持绝对的端正挺拔，是谓古人所说的"立如松"。

（2）坐姿礼仪

导游的坐姿要给游客一种温文尔雅的感觉。其基本要领：上体自然挺直，两腿自然弯曲，双脚平落地上，臀部坐在椅子中央。男性导游一般可张开双腿，以显其自信、豁达；女性导游一般两膝并拢，以显示其庄重、矜持。

（3）走姿礼仪

导游的走姿要给游客一种轻盈稳健的感觉。其基本要领：行走时，上身自然挺直，立腰收腹，肩部放松，两臂自然前后摆动，身体的重心随着步伐前移，脚步要从容轻快、干净利落，目光要平稳，可用眼睛的余光（必要时可转身扭头）观察游客是否跟上。行走时，不要把手插在裤袋里。

导游在一些场合中，行姿也有不少特殊之处。如与人告辞时，不宜扭头便走，示人以后背。为了表示对在场的其他人的敬意，在离去时，可采用后退法。其标准的做法：目视他人，双脚轻擦地面，向后小步幅地退三四步，然后先转身后扭头，轻轻地离去。又如，在楼道、走廊等道路狭窄之处需要为他人让行时，应采用侧行步。即面向对方，双肩一前一后，侧身慢行。这样做，是为了对人表示"礼让三分"，也是意在避免与人争抢道路，发生身体碰撞或将自己的背部正对着对方。

2. 鞠躬礼仪和蹲姿礼仪

（1）鞠躬礼仪

鞠躬即弯身行礼，源于中国的商代，是一种古老而文明的对他人表示尊敬的郑重礼节。鞠躬礼分为两种：一种是三鞠躬，敬礼之前，应脱帽或摘下围巾，身体肃立，目光平视,身体上部向前下弯约90°,然后恢复原样,如此连续三次;另一种是深鞠一躬（15°~90°）,几乎适用于一切社交和商务活动场合,这也是导游最常用的鞠躬方式,为了表达对别人的尊重,都可以行鞠躬礼。施鞠躬礼时,应立正站好,保持身体端正,面对受礼者,距离两三步远,以腰部为轴,整个腰及肩部向前倾15°~90°。

（2）蹲姿礼仪

蹲姿是人的身体在低处取物、拾物时所呈现的姿势。蹲的风度是"蹲要雅"。导游在工作中,当从低处取物。或捡拾落在地上的物品,或整理自己的鞋袜,或工作过程中需要在低处进行整理时,动作要美观、姿势要优雅。

①优雅的蹲姿可分三个步骤

直腰下蹲：首先要讲究方位,当需要捡拾低处或地面物品的时候,可走到物品的左侧;当面对他人下蹲时,要侧身相向,当需要整理鞋袜或低处整理物品时可面朝前方,两脚一前一后,一般情况是左脚在前、右脚在后,目视物品,直腰下蹲。

弯腰拾物：直腰下蹲后,方可弯腰捡低处或地面上物品,及整理鞋袜或在低处工作。

直腰站起：取物或工作完毕后,先直起腰部,使头部、上身、腰部在一条直线上,再稳稳站起。

②蹲姿的种类

高低式蹲姿：这是常用的一种蹲姿。下蹲时右脚在前、左脚稍后,两腿靠紧向下蹲。右脚全脚着地,小腿基本垂直于地面,左脚脚跟提起,脚掌着地。左膝低于右膝,左膝内侧靠于右小腿内侧,形成右膝高、左膝低的姿态,臀部向下,基本上以左腿支撑身体。

单膝点地式：它是一种非正式的蹲姿,多用于下蹲时间较长或为了用力方便时采用。下蹲后,右膝点地,臀部坐在其脚跟之上,以其脚尖着地。另一条腿全脚掌着地,小腿垂直于地面,双膝同时向外,双腿尽力靠拢。这种姿势适用于男子。

交叉式蹲姿：这是一种优美典雅的蹲姿。如集体合影前排需要蹲下时女士可采用交叉式蹲姿,下蹲时右脚在前、左脚在后,右小腿垂直于地面,全脚着地。左膝由后面伸向右侧,左脚跟抬起,脚掌着地。两腿靠紧,合力支撑身体。臀部向下,上身稍前倾。

③蹲姿禁忌

弯腰撅臀：这是日常生活中最常见的一种蹲姿,这种姿势对其后面的人来说是一种失礼、不敬的行为,尤其是女导游穿裙装时不可采用此种蹲姿。

平行下蹲：两腿展开平行,即使是直腰下蹲,其姿态也不优雅。这种蹲姿被称为"蹲厕式"的蹲姿,不仅姿势不雅观,而且也是对他人的无礼。

下蹲过快、过近：进行中,下蹲的速度过快,会令人产生突兀惊讶之感;下蹲的距离过近,容易造成彼此"迎头相撞"。

蹲歇:蹲在地上或椅子上休息是必须严格禁止的,更是服务行业的大忌。

三、导游的人际交往礼仪

(一)导游日常交往中的礼仪

1. 日常交往的礼仪原则

(1)信守时间

根据国际礼仪,信守时间,遵守约会,是取信于人的一项基本要求。参加活动总是姗姗来迟的做法是极其失礼的。

导游要遵守信守时间的原则,重要的是做好以下几点:一是在有关时间的问题上,不可以含含糊糊、模棱两可;二是与游客时间一旦约定,就应千方百计予以遵守,不能随便变动或取消;三是对于约定的时间,唯有"正点"到场方为得体,早到与晚到,同样都是不正确的做法;四是万一失约,务必要向约会对象尽早通报,解释缘由,并向对方致歉,绝不可以对此得过且过或者索性避而不谈,显得若无其事。

(2)不妨碍他人

在公共场合中,应遵守"不妨碍他人"的原则。其基本含义是要求人们在公共场所里进行活动时,务必要讲究公德,善解人意,好自为之,切勿因为自己的言谈举止不够检点,而影响或妨碍了其他人,或是使其他人感到别扭、不安或不快。在公共场合中,不可以忘乎所以、为所欲为,不可以高谈阔论、大声喧哗。

指点、议论对方,甚至不邀而至地自动加入对方的谈话,这些都会给他人造成影响或妨碍。

(3)女士优先

女士优先原则的本意,是要求每一位成年男子,在社交场合里,都要尽自己的一切可能来尊重女士、体谅女士、帮助女士、照顾女士、保护女士,并且随时随地、义不容辞地挺身而出,替女士排忧解难。

在现实生活中,女士优先的原则是通过一系列的具体做法来贯彻和体现的。例如,在女士面前,男士不应说脏话、开无聊玩笑。

(4)不得纠正

在相互交往中,应遵守"不得纠正"的原则。"不得纠正"的意思,是要求我们在同外国友人打交道的过程中,只要对方的所作所为不危及生命安全,不违背伦理道德,不触犯法律,不损害我方的国格人格,在原则上都可以对之悉听尊便,而不必予以干涉与纠正。遵守"不得纠正"的原则,是对外国友人尊重的一个重要体现。

（5）维护个人隐私

在言谈话语中，应遵守"维护个人隐私"的原则。中国人一向看重的是"关心他人比关心自己更重要"。然而凡事皆有分寸，关心亦应有度。要是对于他人的关心过了头，让人感到的绝对不会是温暖，而只会是厌烦。在涉外交往中，尤其要牢记这一点：过分关心别人，其实也是对对方的一种伤害。导游在跟外国游客打交道时，千万不要没话找话，信口打探对方的个人情况。尤其是当发现对方不愿回答时，就应当适可而止。尊重个人隐私，这条原则是必须遵守的。

（6）以右为尊

在位置排列中，应遵守"以右为尊"的原则。在涉外交往中，一旦涉及位置的排列，原则上都讲究右尊左卑、右高左低。也就是说，右侧的位置在礼仪上总要比左侧的位置尊贵。关于前后的位置排列，情况要复杂一些。不过大体上来说，基本上是讲究前尊后卑，前排的位置要较后排的位置尊贵。

（7）保护环境

在涉外活动中，遵守保护环境的原则是非常重要的，是同文明程度的高低联系在一起来看待的。要遵守这项原则，不仅要具有保护环境的意识，而且要在日常生活中严格要求自己。不在他人面前吸烟，不随手乱丢弃物品，不采摘花卉，爱护动物等。与西方人交谈时，诸如"狗肉味道好极了"一类的话语是很不合适的。

2. 日常工作中的礼仪要求

（1）遵守时间

守时是日常工作中最重要的礼节。导游必须及时把每天的活动时间安排清楚地告诉每个游客，并随时提醒。按照规定时间提前到达出发地点，如有特殊情况，必须耐心向客人解释以获得谅解。

（2）尊重游客

注意服务严谨、态度和蔼，尊重游客的风俗习惯，尊重老人和女士，对儿童多加关照。对残疾人进行特殊服务，表现出热情、体贴而不是怜悯。对重点客人接待服务要有分寸，不卑不亢。对旅游团领队要尊重，做到有事商量，主动听取意见，以礼待人，力求协调，通力合作。

（3）注意细节

外出旅游清点人数时，不宜用手指点；车子发动时，要提示客人坐稳；行车时一般可致欢迎词，包括自我介绍，并祝愿各位在旅游期间活动愉快；客人到酒店时，提醒客人携带好随身物品；导游讲话时音调柔和清晰，音量适中，手势简练，举止大方；在参观游览时，要注意游客的兴趣选择性讲解；欢迎客人时要致欢迎词；欢送客人时，要致欢送词。游客邀请品尝风味小吃时，切忌主宾颠倒，要注重进餐时的礼仪等。

（二）导游人际沟通的礼仪

1. 称呼礼仪

称呼礼仪指的是人们在人际沟通中所采用的称谓语。按照社交礼仪的规则，导游在进行人际沟通时要使用正确、适当的称呼，同时应注意：要合乎常规，要照顾习惯，要入乡随俗。

（1）生活中的称呼

①敬称

对于有身份者、年长者，可以称呼其"先生"。还可以冠以姓氏，如"李先生""张先生"。对文艺界、教育界人士，均可称之为"老师"。在其前，也可加上姓氏，如"崔老师"。对德高望重的年长者，可称之为"老"。将姓氏冠以"老"之前，如"李老"。

②姓名的称呼

平辈的朋友、熟人，彼此之间均可用姓名相称。为了表示亲切，可免称其名。对年长者，称"老刘"；对年幼者，可称"小王"。

（2）工作中的称呼

导游在工作中称呼游客应注意庄重、正式、规范。

①称呼职务。称呼职务是一种最常见的称呼方法。具体可分为三种情况：仅称呼职务，如"经理""主任""院长"等。在职务之前加上姓氏，如"李书记""赵处长"等。在职务之前加上姓名，这仅适用极其正式的场合，如"王×总经理"等。

②称呼职称。称呼具有专业技术职称者，尤其是具有高级、中级职称者，可以在工作中直接以其职称相称，如"教授""律师""医生"等。职称前加上姓氏，如"欧阳编辑""王调研员"。也可以简化称呼，如可将"孙工程师"简称为"孙工"。还可以在职称前加上姓名，这种适用于十分正式的场合，如"张×教授""汪×主编"等。

③称呼学衔。称呼游客的学衔，可增加被称呼者的权威性。可以仅称呼学衔，如"博士"。也可在学衔前加上姓氏，如"蒋博士"。可以在学衔前加上姓名，如"关×博士"。

④称呼行业。直接称呼职业，如称呼教员为"老师"。

⑤称呼姓名。称呼姓名仅限于同事、熟人之间。可以直呼姓名，也可以只呼其姓，不称其名，但要在其前面加上"老""大""小"，如"老马""小黄"。还可以只称其名，不呼其姓，这种称呼通常限于同性之间，尤其是上司称呼下级、长辈称呼晚辈时。

2. 握手礼仪

握手是交际双方互伸右手彼此相握以传递信息的手势语，它包含初次见面时表示欢迎、告别时表示欢送、对成功者表示祝贺、对失败者表示理解、对信心不足者表示鼓励、对支持者表示感谢等多种语义。

（1）握手要领

与人握手时，上身应稍微前倾、立正、面带微笑、目视对方。

（2）握手顺序

男女之间，男方要等女方先伸手，如女方不伸手且无握手之意，男士可点头鞠躬致意长辈与晚辈之间，晚辈要等长辈先伸手；上下级之间，下级要等上级先伸手以示尊重。

（3）握手时间

握手时间的长短可根据握手双方的关系亲密程度灵活掌握。初次见面一般握手不应超过3秒钟，老朋友或关系亲近的人则可以边握手边问候。

（4）握手力度

握手力度以不握疼对方的手为最大限度。在一般情况下，握手不必用力，握一下即可。男士与女士握手不能握得太紧，西方人往往只握一下女士的手指部分，但老朋友可例外。

导游在与游客初次见面时，可以握手表示欢迎，但只握一下即可，不必用力。对年龄或身份较高的游客应身体稍微前倾或向前跨出一小步双手握住对方的手以示尊重和欢迎。在机场或车站送行，与游客告别时，导游和游客之间已建立起较深厚的友谊，握手时可适当紧握对方的手并微笑着说些祝愿的话语。对于给予过导游大力支持和充分理解的海外游客及友好人士等更可加大些力度，延长握手时间，或双手紧握并说些祝福、感谢的话语以表示相互之间的深厚情谊。

（5）握手禁忌

忌多人同时握手，忌交叉同时与两个人握手；忌精力不集中，握手时看着第三者或者环视四周；男士握手忌戴手套；忌将左手放在裤袋里；忌紧握对方的手，摇来摇去，长时间不放。此外，边握手边拍对方肩头，握手时低头哈腰或与他人打招呼，也是社交场合较为忌讳的。

3. 介绍礼仪

导游在服务过程中，能正确地运用介绍礼仪，不仅可以扩大社交范围，而且有助于进行必要的自我展示、自我宣传。

（1）自我介绍

导游在自我介绍时，应根据社交礼仪具体规范，注意自我介绍的时机、内容和分寸等。

①自我介绍时机。在下述时机，如有可能，导游有必要进行适当的自我介绍：一是本人希望结识他人时，可主动自我介绍；二是他人希望结识本人时，可做自我介绍；三是

本人认为有必要让他人了解或认识本人的时候，可做简短的自我介绍。

②自我介绍的内容。导游在做自我介绍时，应兼顾实际需要，切不可"千人一面"。一般有以下几种方式。

应酬式：适用于某些公共场合和一般性的社交场合，如旅行途中、宴会中。例如："您好！我的名字叫张×。""我是刘×。"

工作式：主要适用于工作之中。工作式的自我介绍内容应包括本人姓名、供职的单位及其部门、担负的职务或从事的具体工作三项。例如："你好！我叫张×，是北京彩虹旅游科技公司人事经理。"

交流式：一般适用于社交活动中，它是一种希望对方认识自己、了解自己、与自己建立联系的自我介绍。可以包括介绍者的姓名、工作、籍贯、学历、兴趣及与某些熟人的关系等。

礼仪式：适用于讲座、报告、演出、庆典、仪式等正规隆重的场合。通过自我介绍表示对交往对象的友好、敬意。自我介绍可包含姓名、单位、职务，还应加入一些适宜的谦辞、敬语，以示自己礼待交往对象。

问答式：一般用于应试、应聘和公务交往。例如："您好！不知道应该怎么称呼？""经理好！我叫唐×。""请介绍一下你的基本情况。""我……"

③自我介绍的分寸。导游在做自我介绍时，态度要自然、友善、亲切、随和、落落大方。在进行自我介绍时，一定要敢于正视对方的双眼。另外，注意自我介绍的时间。介绍时要力求简洁，所用时间越短越好，以半分钟左右为佳，如无特殊情况最好不要超过1分钟。自我介绍还应选择在对方有空、对方情绪好、对方干扰少且有此要求时进行为好。

（2）他人介绍

他人介绍，又称第三者介绍，它是经第三者为彼此不相识的双方引见、介绍的一种介绍方式。

①他人介绍的顺序

为他人介绍时，应遵守"尊者优先了解情况"的规则，大致有以下几种情况。先介绍年幼者，后介绍年长者；先介绍晚辈，后介绍长辈；先介绍男士，后介绍女士；先介绍家人，后介绍同事、朋友；先介绍主人，后介绍来宾；先介绍职位、身份低者，后介绍职位、身份高者。

集体介绍是他人介绍的一种特殊形式。进行集体介绍时，首先强调地位、身份；当双方地位、身份大致相似的时候，则遵循"少数服从多数"的原则，即先介绍人数较少的一方，后介绍人数较多的一方；在为人数较多的一方做介绍时，可笼统介绍，也可依照礼仪，由尊而卑，依次进行。

②他人介绍的内容

为他人做介绍时，介绍者对介绍内容应多斟酌。根据实际需要不同，通常有以下形式可供借鉴。

标准式：适用于正式场合，一般以双方的姓名、单位、职务等为主。例如："我给两位介绍一下。这位是××公司李主任，这位是××集团邓总经理。"

简介式：内容往往只有双方姓名，甚至只有姓。例如："我来介绍一下，这位是老郭，这位是小秦，你们彼此认识一下吧。"

强调式：适用于各种交际场合，其内容除被介绍者的姓名外，往往还可以强调一下其中某位被介绍者与介绍者之间的特殊关系，以便引起另一位被介绍者的重视。

引见式：适用于普通的社交场合，做这种介绍时，介绍者所要做的是将被介绍者双方引导到一起，而不需要表达任何具有实质性的内容。

推荐式：适用于比较正规的场合，多是介绍者有备而来，有意要将某人推荐给某人，因此在内容方面，通常会对前者的优点加以重点介绍。

礼仪式：适用于正式场合，是一种最为正规的介绍方式，其内容略同于标准式，但语气、表达、称呼上都更为礼貌、谦虚。

③他人介绍的应对

在进行他人介绍时，介绍者与被介绍者都要注意自己的表述、态度与反应。例如："很高兴认识你！"

介绍者为被介绍者做介绍之前，不仅要尽量征求一下被介绍者双方的意见，而且在开始介绍时还应再打一下招呼，切勿开口即讲，显得突如其来，让被介绍者措手不及。

4. 电话礼仪

导游在服务中使用电话时，应自觉维护自己的"电话形象"，通过正确使用电话礼仪，"闻声如见其人"，给对方留下良好印象。

（1）时间适宜

一般工作电话应尽量打到对方单位，最好避开临近下班时间，如果确有必要打对方手机，应注意避开吃饭或睡觉时间。白天一般宜在上午8点以后，节假日应在上午9点以后，晚上应在22点以前。如无特殊情况，不宜在中午休息时间和就餐时间打电话。给海外人士打电话，要先了解一下时差，不要不分昼夜，骚扰他人。通话时间应有所控制，以短为佳，宁短勿长。在电话礼仪里，有一条"3分钟原则"，即每次通话时长以3分钟为宜。

（2）内容简洁

通话内容力求简洁，表述清楚。可参照"5W+How"原则，即 Who 何人（姓名），When 何时（日期），Where 何地（场所），What 何事（内容），Why 何因（理由），How 何做（方法）。

（3）体现文明

首先，要及时接听电话。一般要求铃响三声必须接电话。接通电话后，应立即说"你好！"，然后通报自己的单位名称，还可以加上自己的姓名。如果铃响三声后才接电话，应首先表示歉意："您好，对不起，让您久等了。"其次，问候介绍。接通电话后要先自报家门，再问对方是谁，然后说你要找的人。比如："您好！我是×××，请问您是×××吗？请您帮我找一下×××。"再次，微笑接听电话，重视通话时的吐字、声调，体现出主动热情。最后，通话结束体现礼仪规范。一般来说，打出电话的人会主动结束电话，等对方先挂断，然后再轻轻放下话筒。切忌没有到结束语就挂机或者挂机动作突然、用力过大，使对方产生误解。如果对方是长辈或身份较高者，无论是谁打出电话都应等对方先挂电话。

电话礼仪还须注意一些细节。例如，在上司面前、在重要场合、在游客面前不随意接打电话。随着手机的普及，无论是社交场合还是工作场合，手机礼仪越来越受到关注。在公众场合，不可旁若无人地使用手机。在会议和洽谈的时候，最好的方式还是把手机调为静音或者关机。那种在会场上铃声不断的情况，并不能反映你"业务忙"，反而是一种缺乏修养的表现。

第三章　团队导游与散客旅游服务规程

第一节　地方导游与全程导游服务规程

一、地方导游服务规程与服务标准

（一）接团准备

在接到旅行社下达的接待旅游团的任务后，地陪要做好充分的准备工作。这是地陪为游客提供良好服务的重要前提。

1. 业务准备

（1）熟悉接待计划

接待计划是组团社委托各地方接待社组织落实旅游团活动的契约性安排，是导游员了解该团基本情况和安排活动日程的主要依据。地陪应在旅游团抵达之前认真阅读接待计划和有关资料，详细、准确地了解该旅游团的服务项目和要求，重要事宜要做记录并弄清以下情况。

①旅游团及其团员的基本情况

A. 旅游团概况。包括计划签发单位（即组团社）、联络人或全陪的姓名及其电话号码；客源地组团社名称、旅游团名称或团号、导游语言要求、收费标准和领队姓名。

B. 团员基本情况。包括旅游团的人数，团员的姓名、性别、出生日期、护照或身份证件号码、职业等。

C. 旅游线路和交通票据。包括全程旅游线路、入出境地点；所乘交通工具的情况，抵离本地时所乘飞机（火车、轮船）的班次、时间和机场（车站、码头）名称；掌握交通票据的情况。该团去下一站的交通票据是否按计划订妥，有无变更以及更改后的落实情况，有无返程票，出境票是 OK 票还是 OPEN 票。

②旅游团及其团员的特殊要求及注意事项

A. 食、住、行、游、购、娱等特殊要求。该团在用餐、住房、用车、游览等方面是否有特殊要求。

B.重要人物迎送、会见、宴请等注意事项。该团是否要求有关方面负责人出面迎送、会见、宴请等礼遇。

③需要特殊或重点照顾的客人。该团是否有老弱病残等需特殊服务的客人。

（2）落实接待事宜

地陪在旅游团抵达的前一天，应与各有关部门或人员一起落实、检查旅游团的交通、食宿、行李运输等事宜。

①落实接待日程安排表

当地接待社根据组团社的旅游接待计划，来安排该团在本地进行参观游览活动的日程，编制的日程表中都详细注明了日期、出发时间、游览项目、就餐地点、风味品尝、购物、晚间活动、自由活动时间以及会见等其他特殊项目。地陪应对以上各项安排逐一核实，若发现不妥应立即和本社有关人员联系，问清情况后，做出必要修订。

②落实交通工具

与旅游汽车公司或车队联系，确认为该团在本地提供交通服务的车辆的车型、车牌号和司机姓名及其联络方式。接待大型旅游团时，车上应贴编号或醒目的标记。与司机确定接头地点并告知其活动日程和具体时间，并在与司机确定好车座、车内设备等问题后做出有针对性的准备，并与之预先熟悉行车路线。

③落实食宿安排

熟悉旅游团所入住饭店的位置、概况、服务设施及项目。核实该团客人所住房间的数目、级别、是否含早餐等。与各有关餐厅联系，确认该团日程表上安排的每一次用餐情况。

④落实相关单位和人员的联络方式

地陪应备齐并随身携带旅行社相关部门、餐厅、饭店、车队、景区、购物商店、组团人员和其他导游员的电话联系方式。

⑤了解不熟悉的景点

对新的旅游景点或不熟悉的参观游览点，地陪应事先了解其概况，如开放时间、最佳游览路线等，以便参观游览活动能够顺利进行。

⑥与组团社联系

地陪导游应该于接到接团任务后与组团社全陪导游员取得联系，提前了解旅游团情况并与全陪导游进行感情联络，这样会更有利于两者以后的合作共事和地陪有针对性地做好接待准备。

2.语言和知识准备

地陪导游人员应根据旅游团接待计划的内容，结合旅游团的性质和特点准备相应的讲解知识；做好语言翻译、导游准备工作；接待专业团队要提前了解相关专业知识；准备好热门话题、重大新闻和兴趣话题；准备客源知识。

地陪导游人员的语言表达应做到达意、流畅、得体、生动和灵活。其中，生动是导游语言最为突出的特点。

地陪导游人员讲解的内容应是正确无误的，给游客提供的知识必须是科学的、真实的。

3. 物质准备

上团前，地陪应当准备好带团的必备物品。

①领取必要的票证、表格和费用。带好接待计划（电子行程单）、旅游服务质量反馈表、旅游团名单、餐饮结算单、旅游景区门票结算单、住宿结算单和旅游团费用结算单等。在填写这些单据时，应注意填写的数据一定要与旅游团人数相符，数字和金额要大写。

②准备工作物品。电子导游证、胸卡、导游旗、扩音器、接站牌、旅行车标志、宣传资料、行李牌、通讯录以及按旅游团人数发放的物品等。

③准备个人物品。名片、手机及充电器、防护用品、常备药物、记事本与工作包等。

4. 个人形象准备

导游员的自身美不仅仅是其个人行为，在宣传旅游目的地、传播中华文明方面也起着重要作用，也有助于在游客心目中树立起导游员的良好形象。因此，地陪在上团前要做好仪容、仪表方面的准备。

（1）着装得体

着装要符合本地区、本民族的着装习惯和导游员的身份，衣着要大方、整洁。导游员一定要注重自己着装的美观和标识的意义，注重着装对客人情绪的影响，还要便于从事导游服务工作。

（2）化妆适度

导游员在工作期间一般不宜佩戴饰物，如有佩戴，要适度，不要显得"珠光宝气"。发型要适合身体特征、工作特点，体现出高尚的品位和情趣。不要化浓妆，不用味道太浓的香水。

（3）讲究个人卫生

导游员要注意服饰、头发和指甲等的整洁和卫生。女性导游人员留有长发要束起，男性导游人员的前发不要覆额，鬓角不近耳，后发不及领。

5. 心理准备

导游人员需要具备良好的心理素质，在接团前做好如下几个方面的心理准备。

（1）要准备面对艰苦复杂的工作

在做准备工作时，导游员不仅要考虑到按照正规的工作程序要求提供给游客的服务，还要有充分的思想准备，考虑对特殊游客如何提供服务，以及在接待工作中发生问题或事故时如何面对和处理。

（2）要准备承受抱怨和投诉

导游人员的工作繁杂辛苦，有时虽然已尽其所能热情周到地为旅游团服务了，但还会有一些游客挑剔、抱怨或指责导游员的工作，甚至提出投诉。对于这种情况，导游员也要有足够的心理准备，冷静、沉着地面对，真心实意地为游客服务。

（3）准备面对形形色色的"精神污染"和"物质诱惑"

导游人员在接团过程中，经常要与各种各样的旅游者接触，还要同一些商家打交道，他们的言谈举止可能有意无意地传播某些不健康的内容，甚至用美色或物质利益来进行引诱。因此，对这些言行，导游人员应有充分的思想准备，坚持兢兢业业带团，堂堂正正做人。

（二）接站服务

在接站过程中，地陪应使旅游团人员在接站地点得到及时、热情、友好的接待，使其了解到将在当地进行的参观游览活动的概况。

1. 旅游团抵达前的工作

（1）确认旅游团所乘交通工具抵达的准确时间

赴接团地点前要确认旅游团抵达的确切时间。接团当天，地陪应提前到旅行社全面检查准备工作的落实情况。出发前，要向机场（车站、码头）问讯处问清飞机（火车、轮船）到达的准确时间。一般情况下应在飞机抵达的预定时间前2小时，火车、轮船预定到达时间前1小时向问讯处询问。

（2）与旅游车司机联系

通知司机出发的时间，商定见面地点，确保提前半小时抵达机场（车站、码头），并告知司机旅游团活动日程和具体时间。到达接站地点后，与司机商定旅游车具体的停车位置。

（3）与行李员联系

若为旅游团配备了行李车，地陪应提前与行李员联系，告知旅游团的名称、人数和行李运送地点。

（4）再次核实航班（车次）抵达的准确时间

地陪在到达接站地点后，应再次向问讯处或航班（车次）抵达显示牌确认航班（车次）抵达的准确时间。如被告知所接班次晚点，但推迟时间不长，地陪可留在接站地点继续等候旅游团；如推迟时间较长，应立即将情况报告接待社有关部门，听从安排。

（5）持接站牌迎候旅游团

旅游团所乘飞机（火车、轮船）抵达后，地陪应在旅游团出站前，持接站牌站立在出站口醒目的位置，热情迎候旅游团。接站牌上要写清团名、团号、领队或全陪姓名。接小型旅游团或无领队、全陪的旅游团时要写上客人姓名。

2. 旅游团抵达后的服务

（1）认找旅游团

游客出站时，地陪应尽快找到旅游团。认找的办法：地陪站在明显的位置举起接站牌以便领队、全陪或客人前来联系，同时地陪也应主动地从游客的民族特征、衣着、组团社的徽记等方面分析判断或上前委婉询问，主动认找自己的团队，问清该团来自哪个国家（地区）、客源地组团社名称、领队及全陪姓名等。如该团无领队和全陪，地陪应与该团成员核对团名、国别（地区）及团员姓名等。一切相符后才能确定是自己应接的旅游团。

（2）核实人数和行李

及时向领队或全陪核实实到人数，如与计划不符应及时通知旅行社。地陪应协助本团游客将行李集中放在指定位置，提醒游客检查自己的行李物品是否完整无损（火车托运的除外）；与领队、全陪核对行李件数无误后，移交给接待社行李员，双方办好交接手续（为了节省费用，如今许多旅行社对非VIP团采取行李同车方式，不派行李车也不派行李员，由游客自己带行李上车，司机、导游员协助）。若有行李未到或破损，导游员应协助当事人到机场登记处或其他有关部门办理行李丢失或赔偿申报手续。

（3）集合并引导游客登车

地陪要提醒游客带齐手提行李和随身物品，引导游客前往乘车处，并给客人必要的帮助。在帮助客人时，要注意东西方客人的差别，对西方客人不要过分殷勤，以免引起其反感。客人上车时，地陪应站在车门旁，搀扶或协助老弱病残孕等客人上车；上车后，地陪应协助全陪和领队安排游客就座，待客人坐稳后，再检查一下行李架上的物品是否放稳。礼貌地清点人数（在车门旁协助客人上车时也可以清点），待客人到齐坐稳时请司机开车。在司机发动车辆之前，地陪应再次提醒："车就要开动了，请您坐稳。"并讲清乘车注意事项。

3. 赴饭店途中的服务

从机场（车站、码头）到下榻饭店的行车途中，地陪除了要表现出热情友好的态度之外，还应在气质、学识和语言方面展现其职业素养，以赢得旅游者的信赖，给他们留下可信、可靠的第一印象。

（1）致欢迎词

欢迎词好比一场戏的"序幕"、一篇乐章的"序曲"、一部作品的"序言"，欢迎词讲得好不好，关系到能否给客人留下良好的第一印象。一段好的欢迎词不一定很长，但肯定饱含热情，既是导游待客态度的真诚表露，也是其个人风采的成功展现，能够让游客在瞬间被感动、被震撼，不自觉地拉近与导游的心理距离。欢迎词的内容主要包括以下几方面。

①代表所在旅行社、本人和司机热忱欢迎客人到本地观光游览。

②介绍本人和司机的姓名及所属旅行社。

③表示自己为客人提供服务的诚挚愿望和希望得到合作的意愿。

④预祝大家旅游愉快顺利。

（2）调整时间

接待入境旅游团时，地陪要向客人介绍两国的时差，请旅游者调整好时间。

（3）首次沿途导游

地陪要认真做好首次沿途导游，可以满足旅游者好奇心和求知欲，同时可以展示自己的气质和学识，有利于导游人员树立良好的自我形象。主要包括风光导游，本地概况介绍，介绍下榻饭店，宣布集合时间、地点和停车地点。

（三）入住饭店服务

旅游者经过长距离的旅行，一般都比较劳累，希望尽快入住饭店。能否让旅游者尽早进入房间，是对导游员工作能力的检验。地陪的入住饭店服务工作主要包括以下内容。

1. 协助办理入住手续

旅游团抵达饭店后，地陪应协助领队或全陪办理住店登记手续。请领队分发房卡。地陪应掌握领队、全陪和团员的房间号，并将自己的联系方法或房间号、电话号码告诉全陪和领队，以便联系。

2. 介绍饭店设施

进入饭店后，地陪应向全团介绍饭店内的外币兑换处、中西餐厅、娱乐场所、商务部、紧急出口等设施的位置，并说明住店的注意事项。

（1）带领旅游者用好第一餐

旅游者进入房间之前，地陪要向客人介绍该团在饭店内的就餐地点、时间、就餐形式。待全体团员到齐后，带领他们进入餐厅，引领入座，告知旅游者用餐的相关规定，如团费中包含哪些，不包含哪些，超出部分自付，以免产生误会。就餐前地陪还要将领队介绍给餐厅经理或主管，告知该团用餐的特殊要求和饮食禁忌。

（2）宣布当日或次日的活动安排

旅游者进入房间前，地陪应向客人宣布当日或次日的活动安排，包括叫早时间、早餐时间和地点、集合时间和地点、旅行线路，并提醒旅游者做好必要的参观游览准备。

（3）处理旅游者进房有关问题

旅游者进房后可能遇到各种问题，地陪应及时与饭店联系，迅速解决，并向旅游者说明情况，表示歉意。

（4）照顾行李进房

旅游者进房后，地陪要等到该团行李运抵饭店时与行李员、领队、全陪一起核对行李，然后交给饭店行李员，督促其尽快将行李送到旅游者的房间。若个别旅游者未拿到行李或拿到的行李有破损，地陪应尽快查明原因，采取相应措施。

（5）确定叫早时间

地陪在结束当天活动离开饭店之前，应与领队确定第二天的叫早时间，请领队通知全团，并将商定的叫早时间通知饭店前台办理。

（四）核对商定日程服务

核对商定日程是旅游团抵达后的一项重要工作，可视为两国（两地）间导游员合作的基础。

旅游团抵达后，地陪应把旅行社有关部门已经安排好的活动日程与领队、全陪一起核对商定，征求他们的意见。这样做，一是表明对领队、全陪、旅游者的尊重；二是旅游者也有权审核活动计划，并提出修改意见。导游员也可利用商谈机会了解旅游者的兴趣和要求。

旅游团在一地的参观游览内容一般都已明确规定在旅游协议书上，而且在旅游团抵达前，旅行社有关部门已经安排好该团在当地的活动日程，但在核对商定日程时，还会出现不同的情况，地陪应采取相应的措施。

1. 领队或旅游者提出小的修改意见或要求增加新的游览项目

地陪应及时向旅行社有关部门反映，对合理而又可能的项目应尽量安排；需要加收费用的项目，地陪要事先向领队或旅游者讲明，按有关规定收取费用；对确有困难无法满足的要求，地陪应向领队或旅游者说明原因并耐心解释。

2. 领队或旅游者提出的要求与原日程不符且又涉及接待规格

对于这种要求一般应予以婉拒，并说明己方不便单方面不执行合同，如确有特殊理由，并且由领队提出时，地陪必须请示旅行社有关部门，视情况而定。

3. 领队或全陪手中的旅行计划与地陪的接待计划有部分出入

地陪应及时报告接待社查明原因，分清责任，若是接待社方面的责任，地陪应实事求是地说明情况并赔礼道歉，及时做出调整。若责任不在接待方，地陪也不应指责对方，必要时，可请领队向旅游者做好解释工作。

（五）参观游览服务

参观游览活动是旅游产品消费的主要内容，是游客期望的旅游活动的核心部分，也是导游服务工作的核心环节。

1. 游览前的准备工作

（1）必要的工作证件

带好导游工具，准备好导游旗、胸卡和必要的票证。

（2）提前与司机沟通

与司机协调，督促司机做好各项准备工作。

（3）事先预订就餐

与就餐餐馆协调，核实餐饮落实情况。

（4）提前到达集合地点

出发前，地陪应提前 10 分钟到达集合地点。提前到达不仅是为了在时间上留有余地，能够应付紧急突发的事件，也是为了礼貌地招呼早到的游客，询问游客的意见和建议，同时有一些工作必须在出发前完成。

（5）核实、清点实到人数

若发现有游客未到，地陪应向领队或其他游客问明原因，设法及时找到；若有的游客愿意留在饭店或不随团活动，地陪要问清情况并妥善安排，必要时要报告饭店有关部门。

（6）提醒注意事项

地陪要向游客预报当日天气和游览点的地形、行走路线的长短等情况，必要时提醒游客带好衣服、雨具、换鞋等。地陪或全陪还应当提醒游客在旅游行程中，要遵守当地的习俗或规定，做文明游客。

（7）集合、登车

早餐时应向游客问候，提醒其集合时间和地点。游客陆续到达停车地点后，要清点实到人数并请游客及时上车。地陪应站在车门一侧，一面招呼大家上车，一面扶助老弱者登车，开车前要再次清点人数。

2. 途中导游讲解

（1）当日新闻的介绍和活动预报

开车后，地陪要向游客重申当日的活动安排，包括午晚餐的时间、地点，向游客报告到达游览参观点途中大约所需的时间，视情况介绍当日国内外重要新闻或当地重要的新闻事件。

（2）沿途风光导游

在前往景点的途中，地陪应向游客介绍本地的风土人情、自然景观，回答游客提出的问题。

（3）介绍即将游览的景点

抵达景点前，地陪应向游客介绍该景点的简要情况，尤其是景点的历史价值和特色。讲解要简明扼要，目的是为了满足游客事先想了解有关知识的需求，激起其游览景点的愿望，也可节省到目的地后的讲解时间。

（4）活跃车内气氛

有时从一个景点到下一个景点的旅途较长，地陪可以把车内的游客组织起来开展一些有趣的活动，如唱歌、播放光碟、讲段子、脑筋急转弯提问、猜谜语、玩小魔术、学绕口令或方言等，也可以针对游客的层次就大家感兴趣的话题进行讨论。

3. 抵达景点后的导游服务

（1）交代游览注意事项

抵达景点时，下车前地陪要讲清并提醒游客记住旅游车的型号、颜色、标志、车号、停车地点和开车的时间。在景点示意图前，地陪应讲明游览路线、所需时间、集合的时间和地点等。地陪还应向游客讲明游览过程中的有关注意事项，对可能危及游客人身、财产安全的事项，应当向游客做出真实的说明和明确的警示，并采取防止危害发生的必要措施。

（2）游览中的导游、讲解

抵达景点后，地陪应对景点进行讲解，包括该景点的历史背景、特色、地位、价值等方面的内容。讲解内容要正确无误，繁简适度；在讲解内容的安排上要有艺术性，讲解好比讲故事一样，要有开始、有发展、有高潮、有结局；讲解的语言应丰富生动，富有表现力，如同演员演戏，只有把自己的感情注入讲解内容上，才能声情并茂地将其表达出来；要注意讲解技巧，充分利用各种导游讲解方法使讲解的内容生动、形象、易懂，让游客印象深刻。

在景点导游的过程中，地陪应保证在计划的时间与费用内，游客能充分地游览、观赏景点内容，做到讲解与引导游览相结合，适当集中与分散相结合，劳逸适度，并应特别关照老弱病残的游客。

（3）留意游客动向，防止旅游者走失和治安事故的发生

在景点导游过程中，地陪应注意游客的安全，要自始至终与游客在一起活动。注意游客的动向并观察周围的环境，和全陪、领队密切配合并随时清点人数，防止游客走失等意外事件的发生。

4. 参观活动中的导游服务

旅游团的参观活动一般都需要提前联络，安排落实并有专人接待。一般是先介绍情况，然后引导参观。

5. 返程途中的导游服务

（1）当天活动回顾

返程中，地陪应回顾当天参观、游览的内容，用画龙点睛的方法做简要小结，必要时可补充讲解，并回答旅游者的有关问题，以加深旅游者对当日活动的印象。

（2）沿途风光导游

为了让旅游者能看到更多的景物，地陪应尽量避免旅游团由原路返回。在返回途中要对沿途的景物做必要的介绍。

（3）宣布次日活动

返回饭店下车前，地陪要预报晚上或次日的活动日程、出发时间、集合地点等。提醒游客带好随身物品。地陪要先下车，照顾游客下车，再向他们告别。

（4）提醒注意事项

若当晚旅游团无活动安排，旅游者可能会自行外出活动，地陪要事先提醒旅游者最好结伴同行，并带上饭店的卡片以防迷路。

（六）购物、餐饮、社交娱乐服务

旅游活动中的购物、餐饮、社交娱乐服务，是整个旅游活动的必要组成部分，对这些活动，地陪责无旁贷地要安排好并做好服务工作。

1. 购物服务

购物是旅游者的一项重要活动，也是增加旅游目的地旅游收入的一条重要渠道，地陪应严格按照《中华人民共和国旅游法》的规定来操作，根据接待计划规定的购物次数、购物场所和停留时间带领旅游者购物，不擅自增加购物次数和延长停留时间，更不得强迫旅游者购物。对于不愿参加购物活动的旅游者，要做出妥善安排，如就近参观其他景点，或安排到环境较好的地点休息等候等。导游人员不得私自收取商家给予的购物回扣。

2. 餐饮服务

对于安排旅游团在饭店外用午、晚餐，地陪要提前按照合同规定落实，对用餐地点、时间、人数、标准及要求逐一核实和确认。

①地陪要提前落实本团当天的用餐事宜，对午、晚餐的用餐地点、时间、人数、标准、特殊要求等逐一核实并确认。

②用餐时，地陪应引导游客进入餐厅入座，介绍餐厅的有关设施、饭菜特色等。

③向领队告知地陪、全陪的用餐地点及用餐后全团的出发时间。

④用餐过程中，地陪要巡视旅游团的用餐情况，解答游客在用餐中提出的问题，并监督、检查餐厅是否按标准提供了服务并解决可能出现的问题。

⑤用餐完毕，要提醒游客不要遗落自己的随身物品，并告知其下一步的活动安排，集合地点和时间。

3. 娱乐服务

对于计划内的文娱节目，地陪导游必须全程陪同。演出前地陪应向客人介绍节目的特色或主要剧情，并引领客人入座。地陪可选择团队最后一排座位就座。演出中地陪要时刻留意客人的动向，如果有游客不愿继续看节目，可安排其到就近的休息厅或茶吧等候。地陪尤其不能在节目结束前强行将客人带离剧场。文娱节目结束后，地陪必须在将客人安全送达酒店后才能离开。

对旅游者要求观看的计划外的文娱节目，地陪应告知演出时间、地点和票价，可协助他们购票，但一般不陪同前往。对于旅游者要看格调低下的不健康的文娱节目，地陪应有礼貌的劝阻。

二、全程导游服务规程与服务质量

（一）业务准备

做好准备工作是做好全陪服务的重要环节之一。

1. 熟悉接待计划

全陪在拿到旅行社下达的旅游团队接待计划书后，必须熟悉该团的相关情况，并做认真的分析研究、注意掌握该团重点游客的情况和该团的特点。

仔细听取该团外联人员或旅行社计调对接待方面的要求及注意事项的介绍。根据接待计划书及该团外联人员所提供的相关情况，研究判断旅游者对自己在服务方面的需求并做相应的准备。

熟记旅游团名称、旅游团人数，了解旅游团成员性别构成、年龄结构、职业、居住地及生活习惯等。

掌握旅游团的等级、餐饮标准以及在饮食上有无禁忌和特别要求等情况。

了解各站的一些专项活动安排，如会见、座谈、游船、游江、特殊的文娱节目、计划内的风味品尝及自费游览项目等，并记录在陪同工作笔记上。

了解收费情况及付款方式，如团费、风味餐费、各地机场建设费等。

掌握旅游团的行程计划、旅游团抵离旅游线路各站的时间、所乘交通工具的航班（车、船）次、各站的联络方式，以及交通票据是否订妥或是否需要确认、有无变更等情况。

2. 物质准备

带好陪团中所需旅行手续，如边防通行证（如去经济特区深圳、珠海需办理）；带齐必要的证件，如身份证、胸卡等。

必要的票据和物品，如旅游团接待计划书、分房表、旅游宣传资料、行李封条、旅行社徽记、全陪日志和名片等。

结算单据和费用，如拨款结算通知单或支票、现金、足够的旅费等。在这里要强调的是，全陪必须慎重保管好所带的支票及现金。在旅行社尤其是国内旅行社业务来往中，有时是采用现金支付的方法，全陪所带现金数额往往较大，如不加以妥善保管而发生意外，会给自己和旅行社带来重大的经济损失。

回程机票，国内团的回程机票若是由组团社出好并由全陪带上，全陪则必须认真清点，并核对团员名字和身份证号码有无写错。

3. 知识准备

根据旅游团的不同类型和实际需要准备相关知识，以应对游客的咨询；同时还应了解游客所在地的上述情况，以便能做相互比较，和游客做更多的沟通。熟悉沿途各站的相关知识，如全陪对该团所经各站不太熟悉，一定要提前准备各站的基本知识，如主要景观、市容民情、风俗习惯等。除此之外，全陪应和地陪一样，了解最近的天气情况、热门话题等即时信息。如果是外宾团，要强化自己的口语表达能力，更要了解旅游团客源国的历史、政治、经济、文化和礼仪等方面的知识。

4. 与接待社联系

旅行团队安排妥当后，全陪应主动和地陪核对日程计划，若发现自己的日程计划与地陪的接待计划单有出入，应立即查明原因。在确定自己的日程计划和地陪的计划一致后，就要与地陪商定日程的具体安排，尽量使行程安排合理周全；如果遇到难以解决的困难，应及时告知组团社，请示领导。

（二）首站接团服务

首站接团服务要使旅游团在抵达后能立即得到热情友好的接待，让游客有宾至如归的感觉。

1. 迎接旅游团

接团前，全陪应向旅行社了解本团接待工作的详细情况。接团当天，全陪应提前30分钟到接站地点迎接旅游团。接到旅游团后，全陪应与领队尽快核实有关情况，做好以下工作：问候全团游客；向领队做自我介绍（可交换名片）并核对实到人数，如有人数变化，与计划不符，应尽快与组团社联系。

2. 致欢迎词

在首站，全陪应代表组团社和个人向旅游团致欢迎词，内容应包括表示欢迎、自我介绍、提供热情服务的真诚愿望、预祝旅行顺利等。

由于全陪在整个旅游过程中较少向游客讲解，所以要重视首站的介绍。致完欢迎词后，全陪要向全团游客简明扼要地介绍行程，对于住宿、交通等方面的情况适当地让游客有所了解，还要向游客说明行程中应该注意的问题和一些具体的要求，以求团队旅途顺利、愉快。这种介绍有利于加强游客对全陪的信任。

（三）入住饭店服务

旅游团队入住饭店通常住双人标间或单间。全陪的任务是使团队尽快完成登记手续，住进客房并取得行李。具体工作内容如下。

①在地陪协助下办理旅游团的住店登记手续，领取房卡，有领队的请领队分配住房，没有领队的由全陪分配住房。分配原则如下。

A. 一般情况下可由客人自愿组合。领队或全陪要注意登记客人入住的房号，以便联系。全陪与领队也应互通房号。

B. 团队中有夫妻，而且在旅游合同中明确表示需安排住在一起的，全陪应予以照顾；合同中未载明的，也可根据团队情况适当予以照顾。

C. 团队住房安排出现单男或单女现象时，按照旅游合同，住单间的客人需支付另一半费用；如客人不愿住单间，可考虑安排一间三人房或标间加床，原则上由导游睡加床。

D. 部分酒店提供免费的驾导房（条件比普通客房稍差，主要供司机和地陪使用）。必要时可请领队或全陪入住驾导房，以避免出现单男或单女现象。

②提醒客人将贵重物品交饭店贵重物品保管室代为保管，否则一旦丢失，责任不清，酒店不愿承担赔偿责任，容易出现扯皮现象。

③因地陪通常不住饭店，所以全陪要掌握饭店总服务台的电话号码和与地陪联系的

办法，照顾好旅游团，及时处理可能出现的问题。

④提醒地陪通知饭店前台叫早时间，以保证次日的行程顺利进行。

⑤一般四五星级酒店都为旅游团队设置了专用通道，全陪可酌情使用，既可避免过分破坏酒店大堂整洁安静，也避免了团队游客与其他散客混杂在一起可能发生的财物丢失。

（四）核对、商定旅游活动日程

全陪应认真与领队、地陪核对与商定旅游活动日程。这不仅是一种礼貌，而且是十分必要的环节，可避免双方对旅游计划的误读，减少纠纷。具体要求如下。

①全陪应主动与地陪核实各自手中的计划和日程安排是否一致。如有差异应立即与组团社联系，查明原因。

②全陪应注意行程上下站之间行程安排的互补性，减少重复。必要时可请地接社做出微调。

③活动日程的安排一般以组团社与游客商定的行程为依据。全陪应坚持"调整日程可以，变动计划（增减旅游景点）慎重"的办事原则。

（五）各站服务

各站服务工作是全陪工作的主要组成部分。全陪要通过这一项工作使旅游团的计划得以顺利全面地实施，使游客有一次愉快、难忘的旅游经历和体验。

1. 联络工作

全陪要做好各站间的联络工作，架起联络沟通的桥梁：做好领队与地陪、游客与地陪之间的联络、协调工作。做好旅游线路上各站间，特别是上、下站之间的联络工作。在实际行程和计划有出入时，全陪要及时通知下一站。抵达下一站后，全陪要主动把团队的有关信息，如前几站的活动情况、团员的个性、团长的特点等通报给地陪，以便地陪能采取更有效、更主动的工作方法。

2. 监督与协助

在旅游过程中，全陪要正确处理好监督与协助这两者的关系。一方面，全陪和地陪的目标是一致的，他们都是为了通过自己的服务使游客获得一次美好的经历，让游客满意，并以此来树立自己旅行社的品牌。因此，从这方面来说，作为全陪，协助地陪做好服务工作是主要的。另一方面，全陪和地陪毕竟分别代表着各自的旅行社，且全陪会更多地考虑游客的利益，因此，监督地陪及其所在接待社按旅游团协议书提供服务也是全陪必须要做的工作。所以，协助是首要的，监督是协助上的监督，两者是相辅相成的。

若当地的活动安排上与上几站有明显重复，应建议地陪做必要的调整。若对当地的接待工作有意见和建议，要诚恳地向地陪提出，必要时要向组团社汇报。

3. 旅行过程中的服务

（1）生活服务

生活服务的主要内容包括出发、返回、上车、下车时，要协助地陪清点人数，照顾老年体弱的游客上下车；游览过程中，要留意游客的举动，防止游客走失和意外事件发生，以确保游客人身和财产安全；按照"合理而可能"的原则，帮助游客解决旅行过程中的一些疑难问题；创造、维护融洽的氛围，使旅游团成员有强烈的团队精神。

（2）讲解服务和文娱活动

作为全陪，提供讲解服务固然不是最重要的，但进行适当的讲解仍是必要的。尤其是在两站之间，在汽车、火车专列或包厢里做较长时间的旅行时，全陪也要提供一定的讲解服务。其讲解内容一定要是游客感兴趣的。此外，为防止长途旅行时团队气氛沉闷，全陪还要组织游客开展一些文娱活动，如唱歌、讲故事、讲笑话、玩游戏等。形式上力求丰富多彩，但要有吸引力，使游客能踊跃参与。

（3）为游客当好购物顾问

食、住、行、游、购、娱是旅游内容的一个重要组成部分。和地陪相比，全陪因自始至终都和游客在一起，感情上更融洽一些，也更能赢得游客的信任。因此，在很多方面（诸如购物等），游客会更多地向全陪咨询，请全陪拿主意。在这种时候，全陪一定要从游客的角度考虑，结合自己所掌握的旅游商品方面的知识，为游客着想，当好购物顾问。

（六）离站、途中、抵站服务

1. 离站服务

每离开一地前，全陪都应为本站送站与下站接站的顺利衔接做好以下工作。

提前提醒地陪落实离站的交通票据及核实准确时间；

如离站时间因故变化，全陪要立即通知下一站接待社或请本站接待社通知，以防空接和漏接事件的发生；

协助领队和地陪妥善办理离站事宜，向游客讲清托运行李的有关规定并提醒游客检查、带好旅游证件；

协助领队和地陪清点托运行李，妥善保存行李票；

按规定与接待社办妥财务结账手续；

如遇飞机推迟起飞或航班取消，全陪应协同机场人员和该站地陪安排好游客的食宿和交通事宜。

2. 途中服务

在向异地（下一站）转移的途中，无论游客乘坐何种交通工具，全陪都应提醒游客注意人身和财物的安全，安排好旅途中的生活，努力使游客的旅行充实、轻松愉快。

全陪必须熟悉各种交通工具的性能及交通部门的有关规定，如两站之间的行程距离、所需时间、途中经过的省份城市等。

由领队分发登机牌、车船票，并安排游客座位，组织旅游团顺利登机（车、船），自己殿后。

与交通部门的工作人员（如飞机乘务员、列车乘务员等）处好关系，争取他们的支持，共同做好途中的安全保卫工作和生活服务工作。

做好途中的食、住、娱工作。如乘火车（或轮船）途中需要就餐时，上车（或船）后，全陪应尽快找餐车（或餐厅）负责人联系，按该团餐饮标准为游客订餐。如该团有餐饮方面的特殊要求或禁忌应提前向负责人说明。

旅游团中若有晕机（车、船）的游客，全陪要给予特别关照；游客突患重病，全陪应立即采取措施，并争取司机或乘务人员的协助。

做好与游客的沟通工作（如通过交谈联络感情等）。

3. 抵站服务

所乘交通工具即将抵达下一站时，全陪应提醒游客整理、带齐个人的随身物品，下机（车、船）时注意安全。

下飞机后，凭行李票领取行李。如发现游客行李丢失或损坏，要立即与机场有关部门联系处理，并做好游客的安抚工作。

出港（出站）时，全陪应举社旗走在游客的前面，以便尽快同接该团的地陪取得联系。如出现无地陪迎接的现象，全陪应立即与接待社取得联系，告知其具体情况。

向地陪介绍本团领队和团员情况，并将该团计划外的有关要求转告地陪。

组织游客登上旅游车，提醒其注意安全并负责清点人数。

（七）返程服务

返程意味着在外地的参观游览活动基本结束，全陪在此阶段不能放松思想，一定要一丝不苟地做好各项返程工作，否则功亏一篑。

1. 做好对游客的提醒工作

全陪应提醒游客检查自己的行李物品和证件是否全部带齐，需要托运的物品是否打包好；提醒游客不要携带航空违禁物品登机；对于海外游客，要提醒他们把申报单上的物品随身携带，以备出关查验。

2. 做好必要的弥补工作

如果在旅游过程中出现因服务缺陷而导致游客不愉快的情况，全陪应在适当的时机向游客表示歉意，请求谅解，并设法做好弥补工作，尽量消除游客的不快。

3. 征求意见和建议

全陪应向领队和游客征求团队对此次行程的意见和建议，并填写团队服务质量反馈表。

4. 致欢送词

在交通工具即将抵达目的地时，全陪要热情地向游客致欢送词。欢送词的主要内容包括向游客征求意见和建议；对游客的合作表示感谢，对自己工作中的疏忽请求游客原谅；表示惜别之意并欢迎游客再次参加本社组织的旅游活动。

5. 与游客告别

到站后，全陪应与游客一一握手告别，并目送游客离开，直到游客全部离开后才能返回单位。

（八）善后工作

全陪在一个旅游团的旅游活动结束后，其后续工作与地陪相同，如处理旅游团遗留问题、填写全陪日志及有关资料、结清账目等。除此之外，全陪还应做好旅游团的售后服务。如果是国内团，旅游团成员大都是组团社所在地的居民，全陪可以在旅游行程结束后，电话联系或上门回访，以加深和旅游者的感情，争取回头客。

1. 处理好遗留问题

遗留问题主要是客人委托代办的事情，全陪应根据旅行社领导的指示，依照导游工作规范，积极快速地办妥；对确实有困难办不成或不能尽快办成的，应及时向旅游者说明原因。

2. 填写全陪日志及有关资料

带团结束后，全陪应根据要求填写全陪日志，详细叙述本次带团的全部情况及发生问题的原因、处理方法和结果，以及客人对处理结果的反应。

3. 结清账目，归还所借物品

全陪应按财务规定，尽快报销差旅费用，并归还所借物品。

4. 做好总结工作

全陪应对整个行程做总结，梳理工作中遇到的问题和感受，对重大情况或影响到旅行社以后团队操作的隐患问题，应及时向领导汇报。

第二节　出境旅游领队与旅游景区讲解服务程序

一、出境旅游领队服务程序

（一）准备工作

1. 行前业务准备

①护照/通行证与机票核对，包括中英文姓名、前往国家或地区等。

②机票与行程核对，包括国际段和国内段行程、日期、航班、转机间隔时间等。

③证件与名单表核对，各项一一对应，核对好实际出境旅游人数与《团队名单表》是否一致。

④证照内容核对，包括姓名、性别、签发地等是否一致，签证签注是否与前往国/地区相符，签证的有效期、签证水印及签字等。

2. 出团所需品准备

检查出团所需品，包括证件，机票，已办妥手续的《团队名单表》（一式四联），团队计划，发团通知书，国内外重要联系电话，客人房间分配表，游客胸牌、行李标签，旅行社社旗、胸牌、名片，领队日记（以后追责），旅行社服务质量跟踪表，导游领队带团情况反馈表，旅行包（核对该团是否提供），各国出入境卡，备用金，随身日用品（如闹钟、计算器、签字笔、剪刀、信封），（自己）常用药品（感冒药、镇痛剂、止泻药、胃肠药、消炎药、晕车药等），速查表（编号和签证号）。

（二）做好团队行前说明会

根据出团通知书约定的时间召集本团队游客举行一次"出境旅游行前说明会"（以下简称"说明会"）。

1. "说明会"的内容

①欢迎词。"感谢大家对本旅行社的信任，选择参加我们的团队。"

②领队自我介绍。表明为大家服务的工作态度，并请大家对领队的工作予以配合和监督。同时介绍领队的职责和服务范围：协助游客出入境，配合并监督境外导游服务，协调游客与境外导游的关系，处理紧急事件等。

③对每位游客提出要求。注意统一行动，强化时间观念及相互之间的团结友爱。

④行程说明。按行程表统一介绍，但必须强调行程表上的游览顺序有可能因交通等情况发生变化。同时说明哪些活动属于额外付费项目，介绍额外付费活动并强调其特殊性，注意措辞及技巧。

⑤通知集合时间及地点。通常要比航班离港时刻提前2小时，在机场或港口指定位置集合；如乘火车或汽车，也要在发车时间1小时前到达指定位置集合（让游客重复）。

⑥对目的地的气候地理、生活习惯、风土人情做必要介绍。对境外接待标准略作说明（含酒店、用餐、用车等）。提醒游客准备衣物、常用药品等，自备洗漱用品和拖鞋（在境外最好不要用酒店提供的，因为收费）等。

⑦对购物安排做好事先说明和必要的铺垫。

⑧货币的携带与兑换。中国海关目前规定每位出国旅游人员携带不超过等值5000美元外币现钞出境，无须申报。

⑨出入境卫生检疫方面的要求。

⑩人身安全。告诫游客在境外要注意安全，特别是在海滨或自由活动时。

⑪财物保管。告诫游客不要把财物、证件放在旅游车上，并向游客讲解在酒店客房如何保管贵重物品、如何使用酒店提供的保险箱，以及在旅途中托运行李时，如何保管贵重物品和易碎物品等基本旅游知识。

⑫出入国境时的注意事项。告知有关国家的法律和海关规定，说明过关程序及有关手续。

⑬告之游客如有开通国际漫游，出境后如何使用。

2. "说明会"应落实的事项

①分房（男女比例和人数）。

②游客所缴纳费用的构成。

③是否有单项服务等特殊要求。

④是否有特殊餐饮要求。

（三）办理中国出境手续

领队要再次向游客致欢迎词，向游客介绍过关程序。办理中国出境手续时，领队要做到以下几点。

①比集合时间提前5～10分钟抵达。

②购买药盒，过卫生检疫。

③引导须购买航空保险的游客自行购买保险。

④引导须海关申报的游客至海关申报处申报。

⑤协助游客托运行李并办理登机手续（最好提前取下当日乘机联，小心不要多撕），统计托运行李数，务必清点准确，并保存好行李牌。

⑥按游客名单顺序集合、清点人数。

⑦将游客名单交给边检人员。让游客持护照/通行证按名单顺序排好，依次通过边检。提醒游客注意一米线，维持秩序，尊重现场工作人员。

⑧待最后一名游客通过后，边检自留一页，并在其他页加盖检验章后，领队应接过并保管，入境时会依此核查。

⑨过安检、候机、登机。

（四）办理国外入境手续

到达目的地后，办理有关入境手续，通常称为"过三关"，即卫生检疫、证照查询、海关检查。通常，该国或地区的 E/D 卡（即出入境卡）及海关申报单可以在飞往该国的航班上取得。领队统一领取后分发给游客，并作填表指导。领队不得拒绝为游客代填表格（边检、海关、卫检、安检）。

下机后，领队领导游客至移民关卡，告知游客将填写完毕的 E/D 卡夹在护照签证页交于边检关员审验。提醒游客务必注意秩序，在规定距离外安静等候，礼貌通过。

如是团队签证，领队应先行收齐团队人员的护照和 E/D 卡，于团体签证（有时应持复印件换领原件）一同交于移民官审验并核对计算机记录。完成后，将护照按签证名单的顺序发还给游客，依次通过关卡。此时务必提醒游客妥善保管加盖有入境章的 E/D 卡剩下部分，因为出境时需要提供，如有遗失将会造成很大麻烦。

领队要查询行李到达的传输带号码，带领游客领取行李。如领队先于游客通过移民关卡，应回头照顾游客，并请已过关的游客协助取行李。必须提醒游客检查各自的行李，如有损毁、丢失必须立即通知机场工作人员，因为一旦离开机场，行李再有任何损失就只能由游客自行承担。

至海关检查处，如没有需申报的物品，直接递交海关申报单即可。但海关要求检查时，领队要请游客配合立即开箱受检，但可请求海关官员抽验数件予以通行方便，同时告诫其他游客切勿远离，因为国外机场庞大复杂，离散后寻找不易。如有需要申报的物品时，领队应引导游客至申报查验处，请海关官员查验。

领队将护照归还给游客手中（以免丢失负责）完毕后出关，带领游客与当地接待人员联络，上车并清点人数。如在公路上通过国界，则应将游客证件收齐，游客坐在位置上不动，请求移民单位派员上车检查，通常只核对人数，一般不检查行李。

（五）安排境外旅游服务

团队到达旅游目的地后，领队应马上与地方接待社（以下简称地接社）导游进行接洽，清点行李与游客人数，与导游一起安排游客入住酒店。领队应向游客介绍酒店的服务设施和可能收费的项目，如何使用房间内部电话，领队或导游的房间号码和联络方式。新入住一处酒店后，领队必须随导游对房间进行查看。待安排妥当后，领队需及时与导游核对行程计划，商定游览计划和时刻表，必要时可拜访该旅行社的负责人，以示重视和友好。

在境外旅游期间，领队应尽量与导游、司机搞好关系，共同协作，把旅游活动安排好，让游客满意。如遇导游或司机提出无理要求，或者有侵犯游客利益的行为时，例如随意增加收费景点、延长购物时间或增加购物次数、降低服务标准等，领队应按计划与导游交涉，维护游客的正当权益，必要时向地接社投诉并向国内组团社报告。

（六）办理国外离境手续

通常都是先办登机和托运手续，由当地导游人员协助，保存好行李牌。分发登机牌时，领队应先告诉游客航班号、登机门、登机时间，叮嘱游客一定要在约定时间前赶到登机门。某些国家或地区的机场税另设，应告知游客首先出示机场税。

如是团队签证，游客首先应按照签证名单顺序排队，领队将签证交于移民官，让游客持护照、出境卡依次通过。

如非团队签证，领队只需指引游客至各"FOREIGNPASSPORT"处，持护照和出境卡分散过关即可。

在某些国家或地区，外国游客可以享受购物退税。如有此种情况，领队应事先了解退税程序，根据各地的不同要求，过关时协助游客办理退税。候机大厅内的免税店不在此列。最后，按时登机。

（七）办理中国入境手续

在飞往国内的航班上领队可以领取健康申明卡和入境卡，均为中文，领队可指导游客填写。其中，健康申明卡必须填写。如按团队名单入境，入境卡可不填。

下机后，首先上交健康申明卡。过后领队要求游客按照出境时的团队名单排队入境，并出示护照。领队持名单率先通过，并告知游客至何处领取行李，待全部游客通过后，领队收回加盖入境章的团队名单，交回公司。

如不按名单入境，游客需填写入境卡，自己持照通行，但应听从现场工作人员的指挥。领取托运行李后，检查无损后过海关。如有须补税款的物品应主动申报。回程前，领队请注意告知每位游客，未经检疫的动植物等不得带入境。

二、旅游景区讲解服务程序

（一）旅游景区讲解员的基本素质

为保证旅游服务质量，讲解员应具备以下基本素质。

1. 思想品德

①时时注意维护国家和民族尊严。

②努力学习掌握并模范遵守其他国家和地区的有关法律法规。

③遵守社会公德，爱护公共财物。

④尊重民族传统，尊重游客的风俗习惯。

⑤对待游客谦虚有礼、朴实大方、热情友好，尤其注意对老幼病残孕等弱势群体的关照，并且努力维护游客的合法权益。

⑥热爱本职工作，忠于职守。

⑦增强服务意识，不断提高自己的业务能力。

⑧不得以暗示或其他方式引导游客为讲解员本人或相关群体非法谋取荣誉或物质利益。

2. 体质与基本从业能力

①身体健康，无传染性疾病。

②能够使用普通话（或民族语言，或外语）进行景区内容的讲解，有较强的语言表达能力（做到口齿清楚、发音准确、表达逻辑清楚、用语礼貌自然），并努力实现语言的适度生动。

③具有相应的文化素养和较为广博的知识，并努力学习和把握与讲解内容有关的政治、经济、历史、地理、法律法规，熟悉相关的自然和人文知识，从而将其运用于讲解工作。

④具有相应的应变能力和组织协调能力。

（二）旅游景区讲解员的服务准备

1. 准备工作

（1）知识准备

①熟悉并掌握本景区讲解内容所需的情况和知识（基于景区的差异，可分别包括自然科学知识，历史和文化遗产知识，建筑与园林艺术知识，文学、美术、音乐、戏曲、舞蹈知识等，以及必要时与国内外同类景区内容对比的文化知识）。

②基于游客对讲解员时间长度、认知深度的不同要求，讲解员应对讲解内容做好两

种或两种以上讲解方案的准备，以适应旅游团队或个体的不同需要。

③预先了解游客所在地区或国家的风俗习惯，了解游客的禁忌，以便能够实现礼貌待客。

（2）接待前的准备

①接待游客前，讲解员要认真查阅、核实所接待团队或贵宾的接待计划及相关资料，熟悉该群体或个体的总体情况，如停留时间、游程安排、有无特殊要求等诸多细节，以使自己的讲解更有针对性。

②对于临时接待的团队或散客，讲解员同样也应注意了解游客的有关情况，一般应包括游客主体的来源、职业、文化程度以及其停留时间、游程安排、有无特殊要求等，以便使自己的讲解更能符合游客的需要。

2. 上岗时的准备

①佩戴好本景区讲解员的上岗标志。

②如有需要，准备好无线传输讲解用品。

③需要发放的相关资料。

④接待团队时所需的票证。

⑤对特殊需要的讲解内容或第一次讲解线路，事先踩点和准备。

3. 仪容仪表

①着装整洁、得体；有着装要求的景区也可以根据景区的要求穿着工作服或指定服装。

②饰物佩戴及发型以景区的原则要求为准，女讲解员一般以淡妆为宜。

③言谈举止应该文明稳重，自然、不做作。

④讲解活动中可适度使用肢体语言，但要力避无关的小动作。

⑤接待游客要热情诚恳，并符合礼仪规范。

⑥工作过程中始终做到情绪饱满，不抽烟或进食。

⑦注意个人卫生。

4. 讲解语种

①景区讲解，应以普通话为普遍使用的语言。

②位于民族地区的景区，宜根据客源情况提供民族语言和普通话的双语讲解服务。

③有条件的景区，宜根据客源情况提供多语种的讲解服务。

(三)旅游景区讲解服务要求

1. 接待开始时的服务要求

①代表本景区对游客表示欢迎。

②介绍本人姓名及所属单位。

③表达景区对提供服务的诚挚意愿。

④了解游客的旅游需求。

⑤表达希望游客对讲解工作给予支持配合的意愿。

⑥预祝游客旅游愉快。

2. 游览前的讲解服务要求

①应向游客介绍本景区的简要情况,尤其是景点的背景、价值和特色。

②应向游客适度介绍本景区所在旅游地的自然、人文景观和风土人情等相关内容。

③应提醒团队游客注意自己团队原定的游览计划安排,包括在景区停留的时间,主要游览路线,以及参观游览结束后集合的时间和地点。

④应向游客说明游览过程中的注意事项,并提醒游客保管好自己的贵重物品。

⑤游程中如需讲解人员陪同游客乘车或乘船游览,讲解人员应协助游客联系有关车辆或船只。

3. 游览中的讲解服务要求

(1)讲解内容的选取原则

①有关景区内容的讲解,应有景区一致的总体要求。

②内容的取舍应以科学性和真实性为原则。

③民间传说应有故事来源的历史传承,任何景区和个人均不得为了景区经营而随意编造。

④有关景区内容的讲解应力避同音异义词语造成的歧义。

⑤使用文言文时需注意游客对象;需要使用时,宜以大众化语言给予补充解释。

⑥对历史人物或事件,应充分尊重历史的原貌;如遇尚存争议的科学原理或人物、事件,则宜选用中性词语表达。

⑦讲解内容如是引据他人此前研究成果,应在解说中给予适度的说明,以利于游客今后的使用和知识产权的保护。

⑧景区管理部门应积极创造条件,邀请有关专家实现对讲解词框架和主体内容的科学审定。

（2）讲解导游的方法与技巧

①对景区的讲解要繁简适度，讲解语言应准确易懂，吐字应清晰并富有感染力。

②要努力做到讲解安排的活跃生动，做好讲解与引导游览的有机结合。

③要针对不同游客的需要，因人施讲，并对游客中的老幼病残孕和其他弱势群体给予合理关照。

④在讲解过程中，讲解员应自始至终与游客在一起活动；注意随时清点人数，以防游客走失；注意游客的安全，随时做好安全提示，以防意外事故发生。

⑤要安排并控制好讲解时间，以免影响游客的原有行程。

⑥讲解活动要自始至终使用文明语言，回答问题要耐心、和气、诚恳，不冷落、顶撞或轰赶游客，不与游客发生争执或矛盾。

⑦如在讲解进程中发生意外情况，则应及时联络景区有关部门，以期尽快得到妥善处理或解决。

4. 与游客的沟通

①旅游讲解也是沟通，讲解员在讲解中应注意平等沟通的原则，注意游客与自己在对事物认知上的平等地位。

②在时间允许和个人能力所及的情况下，宜与游客有适度的问答互动。

③要意识到自己知识的盲点，虚心听取游客的不同意见和表达。

④对游客的批评和建议，应该礼貌地感谢，并视其必要性及时或在事后如实向景区有关部门反映。

5. 讲解活动结束时的服务要求

在讲解活动结束时，讲解员应做到以下几点。

①诚恳征求游客对本次讲解工作的意见和建议。

②热情地向游客道别。

③一般情况下，在游客离开之后方可离开。

（四）乘车（乘船）游览的讲解服务要求

景区讲解如果是在乘车（乘船）游览时进行，讲解员应做到以下几点。

①协助司机（或船员）安排游客入座。

②在上车（船）、乘车（船）、下车（船）时提醒游客有关安全事项，提醒游客清点自己的行李物品，并对老幼病残孕和其他弱势群体给予特别关照。

③注意保持讲解内容与行车（行船）节奏的一致，讲解声音应设法让更多的游客听见。

④努力做好与行车安全（或行船安全）的配合。

（五）游客购物时的服务要求

游客如需购物时，讲解员应做到以下几点。

①如实向游客介绍本地区、本景区的商品内容与特色。

②如实向游客介绍本景区合法经营的购物场所。

③不得强迫或变相强迫游客购物。

（六）游客观看景区演出时的服务要求

如游客游程中已包含在景区内观看节目演出，则讲解员的服务应包括以下几点。

①如实向游客介绍本景区演出的节目内容与特色。

②按时组织游客入场，倡导游客文明观看节目。

③在游客观看节目的过程中，讲解员应自始至终坚守岗位。

④如个别游客由于特殊原因需要中途退场，讲解员应设法妥善安排。

⑤不得强迫或变相强迫游客增加需要另行付费的演出项目。

（七）讲解活动中的安全要求

在景区的讲解活动中，应充分注意安全，讲解员应做到以下几点。

①提前了解讲解当天的天气和景区道路情况，以期防患于未然。

②讲解活动应避开景区中存在安全隐患的地区。

③讲解中随时提醒游客注意安全（尤其是在游客有可能发生失足、碰头等地带）。

④发生安全事故时要冷静、妥善对待，在积极帮助其他游客疏散的同时，要及时通知景区有关部门前来救助。

第三节　散客旅游服务规程与服务质量

一、散客旅游服务类型与特点

（一）散客旅游兴起的原因

从世界旅游发展趋势来考察，散客旅游兴起的原因可以概括为以下几点。

1. 旅游者日渐成熟

随着经验的积累，旅游者对单独进行远距离旅行的能力越来越自信，他们不再将旅游视为畏途，而是将其作为日常生活的一个组成部分，用以调节身心，缓解疲劳和增长阅历。

2. 旅游者的心理需求进入更高层次

旅游者的旅游动机从传统的观光型向多主题转变，探险、修学、科考、生态等特种旅游蓬勃兴起，旅游的目标上升到体验人生、完善自我和实现自我价值的高度。

3. 传统的规范化的旅游模式难以满足个性化的要求

以往的旅行社包价组团旅游方式虽然具有许多优势，但也存在着过于古板，浏览项目、路线限制过多，游客缺乏活动自由的问题。个别旅行社还为了追逐经济利益，将旅游项目安排得过于集中，使游客对景点只能走马观花、浅尝辄止，处处赶时间，无法尽兴，从而使传统的包价方式对游客越来越缺乏吸引力。

4. 现代通信、交通等科技手段不断进步

旅游配套设施的完备和服务质量的提高，为散客旅游提供了有力的物质保障，使旅游者不依赖于旅行社而借助众多的旅游支持手段开展旅游的设想成为可能。

由此可见，散客旅游的发展是旅游业进入更高层次、更新阶段的产物，也是旅游业发展的必然趋势。虽然由于老弱游客、初次出游者以及语言旅游者等特殊群体的存在，团体旅游不可能完全消失，但其规模将会缩小，团体模式也将有所改变。在团体旅游与散客旅游的并行发展中，前者会不断结合散客特点，向后者经营方式的方向做出相应调整，产生介于团体和散客旅游之间的中间形式，以适应市场的需要。

（二）散客旅游的类型

1. 散客自助游

即旅游者自行规划行程，以零星现付的方法购买各项服务的旅游形式。分为全自助游和半自助游两种形式。

（1）全自助游

个人及其亲友一起不使用旅行社提供的服务而自行决定行程和各项旅游事宜的旅游活动。

（2）半自助游

个人及其亲友一起自行安排行程但部分使用旅行社服务的旅游活动。

2. 散客团旅游

旅游者以个人的身份参加旅行社组织的各项服务、以单价为基础进行计算的团体游形式。分为小包价旅游和组合旅游。

（1）小包价旅游

房费与早餐、城市间交通费、旅行社手续费和交通集散的接送服务费采用包价，其他服务为旅游者自选、费用现付的旅游形式。这种旅游形式的自选项目有午餐、晚餐、景点游览、风味餐品尝和文娱节目欣赏等。

（2）组合旅游

组合旅游又称散客拼团，即旅行社将游览相同景点或赴同一景点或线路的旅游者临时组成团队的旅游形式。分为"半日游""一日游"或"多日游"等到本市近郊或邻市的旅游形式和到其他地区的旅游形式。

散客团旅游与团体包价旅游的区别：

①付费方式不同。

②旅游服务价格不同。

③团体包价旅游通常除领队外，还有全陪提供服务，而散客团旅游既无领队又无全陪，而仅由地陪提供服务。

（三）散客旅游的特点

1. 散客自助游特点

①人数少，规模小。

②自主性强，自主安排旅游行程。

③旅游中所需要的各项服务皆可靠自助或半自助，常常为交通票和住房劳碌奔波，尤其是旅游旺季时。

④自由度大。自助游散客没有团队集体行动的限制，一切都根据自己的需要和意愿来行动，想走就走，想歇就歇，完全自由。

⑤变化大。自助游散客往往行前计划不周，缺乏周密考虑，因而行程中会出现很多临时变化情况。

⑥要求多。自助游散客中不乏从事公务和商务的游客，由于他们的旅行费用多由单位或公司承担，因而他们不仅开展公务或商务活动的规格要求高，而且对服务的要求也高。

2. 散客团旅游特点

（1）小包价旅游的特点

与全包价旅游相同，其旅游行程均为旅行社预先代为安排，不同之处有以下几点。

①人数少，均为9人以下。

②旅行社一般不派全陪，由游客所到各地的地陪接待。

③游客有一定的自由度，除非选择部分服务项目外，对可选择部分可自行决定是否购买，是自行购买还是委托旅行社代为购买。

④小包价旅游所需的服务项目一般无优惠，即使个别服务项目有，但优惠的幅度也比全包价小，因此，相比全包价旅游产品而言，小包价旅游产品要贵一些。

⑤小包价旅游是报价部分的费用可提前支付也可现付，视同旅行社商量而定。

（2）组合旅游的特点

①由于组合旅游团的游客是零星招徕的，游客互不相识，因而此种旅游团无领队。

②由于组合旅游团旅游时间较短，游览的景点位于城郊和邻近城市，因而也无全陪。

③旅游团人数可多可少，有时，特别是在旅游旺季，常常为大团。

④此种旅游团除游览的景点是事先确定的外，其旅游行程安排、游览方式与包价旅游相比，具有一定的随意性，即导游人员可更多地听取游客的意见。

⑤由于此种旅游团无全陪和领队管理与监督，对游览景点的情况又不了解，游客被骗、被宰的隐患高于其他类旅游团。

（3）散客包价旅游的特点

①人数在9人以下，无全陪。

②旅游费用需提前一次性支付，由于人数少费用一般高于全包价旅游者。

③旅游线路既有旅行社预先确定的线路（预制旅游），也有按照游客意愿确定的线路（定制旅游）。

（四）散客旅游接待服务的不同需求

上述散客旅游的类型和说明，散客旅游接待同全包价旅游接待相比，由于游客自主性较强，自由度较大，又无全陪和领队，因而接待工作有时更为复杂，对导游人员的职业责任感要求更高。

1. 半自助游散客接待服务的不同要求

由于半自助游散客要向旅行社预订委托服务，如有时要求旅行社为其提供机场（车站、码头）的接送，对导游人员来说，散客的这种接送服务与团队接待的不同之处如下。

①接站时，要在标志牌上写清客人姓名，送站时，应带领客人办理行李托运手续。

②弄清所接待的客人是派专车还是与其他人合乘一辆车。

③若接站的是公务或商务游客，由于他们的旅行费用由其所在单位或公司全部或部分承担，所以他们在旅游过程中不仅消费水平高，而且服务水平和效率要求也高。接待这类游客的导游人员不仅要有较好的语言表达能力，而且需要娴熟的服务技能将游客接到下

榻的饭店。导游人员应询问游客，是否还需要旅行社为其提供其他方面的服务。

④导游人员在接送客人时的沿途讲解宜采用对话形式。

2. 小包价散客团接待服务的不同需求

①由于小包价散客团的旅游服务包括游客自选部分，导游人员接待时应向其推荐旅行社的其他方面的委托服务，如代订旅游车、代订风味餐等。

②由于散客团在9人以下，旅行社通常不派行李车，导游人员应让游客自提行李上旅游车至下榻的饭店或机场，为此，导游人员应提醒旅行社租派较宽松的旅游车。

③在送小包价散客团前，导游人员应在前一天与游客取得联系，以商定送站的时间和地点。

④若送9人以下小包价散客团赴机场，由于这种团一般没有领队和全陪，导游人员应带上该团机票带领游客办理行李托运手续，并将登机牌和贴有行李签的机票直接交给游客，告知妥善保管好机票与行李签，以便飞机中途停留使用。

3. 组合旅游团接待服务的不同需求

①由于组合旅游团是临时招徕的，他们分住在不同的饭店，在出游前导游人员要事先与司机商定接运线路，并与游客一一约定好接运的时间，为防中途堵车，约定的时间应留有余地，然后驱车到他们各自下榻的饭店。如接运途中发生了堵车，导游人员应通知下一饭店或宾馆总服务台，请其代为转告等车的游客延长等候时间。

②由于组合旅游团游客来自四面八方，性格和习惯各异，相互又不了解，虽然游览的是同一景点，但各自的兴趣爱好不尽相同，因此导游人员在游览方式和导游讲解上应更多地征求他们的意见，听取他们的建议。

③由于组合旅游团无领队和全陪，又互不相识，凝聚力不强，导游人员接触他们的时间又短，他们与导游人员之间也未建立起信任关系，因而在游览中很容易走散，因此，在游览过程中导游人员应反复提醒他们注意安全和集合的时间、地点，以防走失。

二、散客旅游服务规程与服务质量

（一）接站服务

1. 服务准备

导游人员接受迎接散客的任务后，应认真做好迎接散客的准备工作，这是接待好散客的前提。

（1）认真阅读《旅游委托书》

导游人员应明确迎接的日期，航班（车、船）的抵达时间，散客的姓名、人数和下榻酒店,有无航班(车、船)及人数的变更,提供哪些服务项目,是否与其他散客合乘一辆车至下榻的酒店等。

(2)做好出发前的准备

导游人员要准备好迎接散客的姓名或小包价旅游团的欢迎标志、地图,随身携带的导游证、胸卡、导游旗或接站牌;检查所需票证,如离港机(车、船)票、餐单、游览券等。

(3)联系交通工具

导游人员要与计调部或散客部确认司机姓名并与司机取得联系,约定出发的时间、地点,了解车型、车号。

2. 接站服务

接站时要使散客或小包价旅游团受到热情友好的接待,有宾至如归之感。

导游人员要提前抵达接站地点。若接的是乘飞机来的散客,导游人员应提前30分钟到达机场,在国际或国内进港隔离区门外等候;若接的是乘火车或轮船来的散客,导游人员也应提前30分钟抵达接站地点。

3. 沿途导游服务

在从机场(车站、码头)至下榻的酒店途中,导游人员对散客应像对团队游客一样进行沿途导游,介绍所在城市的概况、下榻酒店的地理位置和设施,以及沿途景物和有关注意事项等。对个体散客,沿途导游服务可采取对话的形式进行。

4. 入住酒店服务

入住酒店服务应使散客进入酒店后尽快完成住宿登记手续,导游人员应热情介绍酒店的服务项目及入住的有关注意事项,与散客确认日程安排与离店的有关事宜。

(1)帮助办理入住手续

散客抵达酒店后,导游人员应先帮助其办理酒店入住手续;然后按接待计划向散客明确说明酒店将为其提供的服务项目,并告知散客离店时要现付的费用和项目;再记下散客的房间号码;待散客的行李抵达酒店后,还应负责核对行李,并督促行李员将行李运送到散客的房间。

(2)确认日程安排

导游人员在帮助散客办理入住手续后,要与散客确认日程安排。当散客确认后,导游人员将填好的安排表、游览券及赴下站的飞机(火车、轮船)票交予散客,并让其签字确认。如散客参加大轿车游览,应将游览券、游览徽章交给散客,并详细说明各种票据的使用方法，集合时间、地点，以及大车的导游人员召集散客的方式，在何处等车、上车等相关事宜。对于有送机（车、船）服务项目的散客，导游人员要与其商定好离站的时间和送站安排。

（3）确认机票

若散客将乘飞机去下一站，而散客又不需要旅行社为其提供机票时，导游人员应叮嘱散客要提前预订和确认机座；如散客需要协助确认机座时，导游人员可告知其确认机票的电话号码；如散客愿意将机票交予导游人员帮助确认，而《旅游委托书》上又未注明需协助确认机票，导游人员可向散客收取确认费，并开具证明。导游人员帮助散客确认机票后，应向散客部或计调部报告确认后的航班号和离港时间，以便及时派人、派车，提供送机服务，并将收取的确认机票服务费交给旅行社。

（4）推销旅游服务项目

导游人员在迎接散客的过程中，应相机询问散客在本地停留期间还需要旅行社为其代办何种事项，并表示愿竭诚为其提供服务。

5. 后续工作

迎接散客完毕后，导游人员应及时将同《旅游委托书》有出入的信息及散客的特殊要求反馈给散客部或计调部。

（二）参观游览服务

参加散客旅游的游客通常文化层次较高，而且有较丰富的旅游经验。因此，他们对服务的要求更高、更重视旅游产品的文化内涵，所以接待散客对导游人员的素质要求也比较高，其应有高度的责任感，多听散客的意见，做好组织协调工作。

在游览过程中散客旅游因无领队、全陪，因此相互之间互无约束，集合很困难，导游人员更应尽心尽力，多做提醒工作，多提合理建议，努力使散客参观游览安全、顺利。

1. 出发前的准备

出发前，导游人员应做好有关的准备工作，如携带游览券、导游小旗、宣传材料、游览图册、导游证、胸卡、名片等，并与司机联系，约定好集合的时间、地点，督促司机做好有关的准备工作。

导游人员应提前 15 分钟抵达集合地点，引导散客上车。如是散客小包价旅游团，散客分住不同的酒店，导游人员应偕同司机驱车按时到各酒店接散客。散客到齐后，导游人员再驱车前往游览地点。根据接待计划的安排，导游人员必须按照规定的路线和景点率团进行游览。

2. 沿途导游服务

散客的沿途导游服务与旅游团队大同小异。如果导游人员接待的是临时组合起来的小包价旅游团，初次与散客见面时，应代表旅行社、司机向散客表示热烈的欢迎，表示愿竭诚为大家服务，希望大家予以合作，多提宝贵意见和建议，并祝大家旅途愉快、顺利。

导游人员除做好沿途导游之外，应特别向散客强调在游览景点过程中要注意安全。

3. 现场导游讲解

抵达游览景点后，导游人员应对景点的历史背景、特色等进行讲解，语言要生动，有声有色，引导散客参观。

如果是单个散客，导游人员可采用对话或问答形式进行讲解，更觉亲切自然。有些零星散客，有考察社会的兴趣，善于提出问题、讨论问题，导游人员要有所准备，多向散客介绍各方面的情况，从中了解散客的观点和意见。

如果是散客小包价旅游团，导游人员应陪同旅游团，边游览边讲解，随时回答散客的提问，并注意观察散客的动向和周围的情况，以防散客走失或发生意外事故。

游览结束后，导游人员要负责将散客分别送回各自下榻的酒店。

4. 其他服务

由于散客旅游的自由活动时间较多，导游人员应当好他们的参谋和顾问：可介绍或协助安排晚间娱乐活动，把可观赏的文艺演出、体育比赛、宾馆饭店的活动告诉散客，请其自由选择，但应引导他们去健康的娱乐场所。

5. 后续工作

散客多采用付现款的方式参加游览，因此，如果《旅游委托书》中注明须收现金，则导游人员应在收款后立即将现金上交旅行社财务部。

接待任务完成后，导游人员应及时将接待中的有关情况反馈给散客部或计调部，或填写《零散旅游者登记表》。

（三）送站服务

散客在结束本地的参观游览活动后，导游人员应使其顺利、安全地离站。

1. 服务准备

（1）详细阅读《送站计划》

导游人员接收到《送站计划》后，应详细阅读，明确所送散客的姓名或散客小包价旅游团的人数、离开本地的日期、所乘航班（火车、轮船）以及下榻的酒店；有无航班（火车、轮船）与人数的变更；是否与其他散客或散客小包价旅游团合乘一辆车去机场（车站、码头）。

（2）做好送站准备

导游人员必须在送站前24小时与散客或散客小包价旅游团确认送站时间和地点。若散客不在房间，导游人员应留言并告知再次联络的时间，然后再联系、确认；要备好散客的机（车、船）票；同散客部或计调部确认与司机会合的时间、地点及车型、车号。

如散客乘国内航班离站，导游人员应掌握好时间，使散客提前90分钟到达机场；如散客乘国际航班离站，导游人员必须使散客提前2小时到达机场；如散客乘火车离站，导游人员应使散客提前40分钟到达车站。

2. 酒店接送散客

按照与散客约定的时间，导游人员必须提前20分钟到达散客下榻的酒店，协助散客办理离店手续、交还房间钥匙、付清账款、清点行李，提醒散客带齐随身物品，然后照顾散客上车、离店。

若导游人员到达散客下榻的酒店后，未找到要送站的散客，导游人员应到酒店前台了解散客是否已离店，并与司机共同寻找；若超过约定的时间20分钟仍未找到，应向散客部或计调部报告，请计调人员协助查询，并随时保持联系；当确认实在无法找到散客，经计调人员或有关负责人同意后，方可停止寻找，离开酒店。

若导游人员要送站的散客与住在其他饭店的散客合乘一辆车去机场（车站、码头），导游人员要严格按照约定的时间顺序抵达各酒店。

若合车运送散客的途中遇到严重交通堵塞或其他极特殊情况，需调整原约定的时间顺序和行车路线时，导游人员应及时打电话向散客部或计调部报告，请计调人员将时间的变化通知尚未抵达酒店的散客，或请其采取其他措施。

3. 到站送客

在送散客到机场（车站、码头）的途中，导游人员应向散客征求在本地停留期间或游览过程中的感受、意见和建议，并代表旅行社向散客表示感谢。

散客到达机场（车站、码头）后，导游人员应提醒和帮助散客带好行李和物品，协助其办理机场税。一般情况下，机场税由散客自付；但当《送站计划》上注明旅行社代为散客缴纳机场税时，导游人员应照计划办理，回去后再凭票报销。

导游人员在同散客告别前，应向机场人员确认航班是否准时起飞，若航班推迟起飞，应主动为散客提供力所能及的服务和帮助。

若确认航班准时起飞，导游人员应将散客送至隔离区入口处，同其告别，欢迎其下次再来。若有散客再次返回本地，导游人员要同散客约好返回等候的地点。散客若乘国内航班离站，导游人员要待飞机起飞后方可离开机场。

若送散客去火车站时，导游人员要安排好散客从规定的候车室上车入座，协助散客安顿好行李后，将车票交给散客，然后同其道别，欢迎再来。

4. 结束工作

由于散客经常有因临时增加旅游项目或其他变化的情况而需要导游人员向其收取各项费用的现象，因此，导游人员在完成接待任务后，应及时结清所有账目，并及时将有关情况反馈给散客部或计调部。

第四章　导游人员的语言与讲解技能

第一节　导游人员的语言技能

一、导游人员的语言要求

导游人员的语言表达直接影响着旅游者的心理活动，所以必须在语言艺术的"达意"和"舒服"上下功夫，在"美"字上做文章。因此，导游人员的语言除了要符合语言规范之外，还要满足以下基本要求。

（一）正确性

正确是导游讲解的核心。正确包含两个方面的含义：一是内容正确，二是语言正确。

1. 内容正确

内容正确是指导游讲解的内容具有客观性、准确性和健康性。

（1）客观性

导游人员的讲解一定要符合客观实际，在客观现实的基础上进行意境的再创造。知识和信息来源一定要可靠，具有权威性和可信度。即使是神话传说、民间故事也应当有所本源，不能信口雌黄、胡编乱造。无论是说古还是论今，议人还是叙事，讲故事还是说笑话，都要做到以实论虚、入情入理。

（2）准确性

对于国家的方针政策，不能随意解释；景观中涉及的数据和史实必须准确无误。不能张冠李戴，更不能用"大概""可能"之类来蒙混过关；对自然和人文景观的价值与来源，更不能随意评判。

（3）健康性

导游语言应当谈吐文雅，合乎礼仪，表现导游人员应有的气质和修养。

健康性还表现为导游人员讲解的内容必须是健康的、向上的、无害的，不可庸俗下流或消极颓废。

2. 语言正确

①要做到语言规范，用词贴切。语言要符合语法和日常习惯用法；遣词造句正确，词语组合、搭配恰当；注意词义的褒贬，同具体的场合、情景相吻合。

如导游人员在向游客介绍了某一自然景观之后说："这里的景色真叫人心旷神怡。"这里的"叫"字同心旷神怡的搭配就不如用"令"字更好，因为"令"字有"使"的含义，即客观事物使人们主观上产生一种感受。

②恰当使用敬语、谦语和态势语，注意游客所在国的风俗习惯和语言习惯，注意不同国家、不同民族、不同文化背景下对同一态势语言的不同理解。

在导游服务中，导游人员要特别注意不能用手指指点游客，这在西方国家是很不礼貌的动作。例如，导游人员在清点人数时用食指来点数，就会引起游客的反感。

（二）清楚性

1. 发音正确，吐字清晰

导游人员在进行景点讲解、情况说明或回答游客问询的时候，一定要口齿清晰，吐字标准，发音正确，简洁明了。对于中文导游人员，一定要加强普通话训练，外语导游人员一定要加强学习，说一口地道的外语。

2. 通俗易懂，简洁明了

导游语言一定要通俗易懂，忌用歧义语和生僻词汇，避免啰唆冗长；使用中国专用的政治词汇时要做适当的解释；使用俚语要谨慎，一定要了解其正确意义及使用场合；不要乱用高级形容词。

3. 层层递进，逻辑性强

①导游人员的思维要符合逻辑规律，要保持导游语言前后的连贯性。即上一句和下一句之间，上一段和下一段之间，一定要密切联系，使游客明确问题的来龙去脉。

②语言表达要有层次感。导游讲解一定要层次分明，要事先确定讲解的先后次序，即先讲什么、后讲什么，使之层层递进，条理清晰，脉络分明。

4. 分清主次，突出中心

任何景区和景点都包含若干景观，由于时间等客观原因，在带领游客游览的过程中，不可能面面俱到。导游人员必须把握分寸，有主有次，重点讲解介绍景区中最具有代表性的景点和景物，非主流景观景点一带而过，使游客感到重点突出、脉络清晰，对所见景物留下较为深刻的印象。

在对景区重点景观和景物取舍时，一方面要遵循常规的重点；另一方面必须考虑游客的需要，不能仅凭导游人员的主观意志。导游人员的"重点"讲解内容应与游客的兴趣需要相一致，必须充分考虑游客的旅游动机和文化层次。

（三）生动性

1. 语言生动形象

生动形象是导游语言艺术性的具体体现。要求导游人员在传递故事、描绘情境、叙述事实、呈现风物时声情并茂、引人入胜，使人如闻其声、如见其人、如观其状，以此引发游客的共鸣。因此，导游人员除了要把握好语音、语调之外，还要善于运用比喻、比拟、夸张、映衬、引用等修辞手法。语言力求鲜明生动，不仅要考虑讲话的内容，也要考虑表达方式，力求与神态表情、手势动作和谐一致。看景不如听景。栩栩如生的语言能够创造美的情趣，起到画龙点睛、情景交融的作用，从而提升导游讲解的品质。

2. 语言诙谐幽默

幽默是一种优美的、健康的品质。幽默是人际关系的润滑剂，幽默风趣是导游语言艺术性的重要体现，既可以融洽感情，活跃气氛，提高旅游者的游兴；又可以巧妙地化解尴尬，消除人际关系中的智慧与幽默往往是一对孪生兄弟，幽默基于知识、阅历和性格之上，是一个人聪明才智的标志。因此，幽默的语言调侃、圆巧，但不轻浮、浅薄。幽默的语言往往在轻松中蕴含深沉，耐人寻味。

幽默语言在运用时，必须注意以下问题：首先，幽默不宜多用，更不宜滥用，否则会冲淡讲解的主要内容，给人油腔滑调之感。其次，幽默要把握分寸。幽默的话说得不好，很容易变成友谊的致命伤。最后，运用幽默语言时，应注意幽默的格调与品位。杜绝黄色幽默和低级趣味的玩笑。

（四）临场性

导游语言最集中发挥的场合便是景点的实讲阶段，因此，临场性便成为导游语言的一个突出特点。而这一特点是依靠系列表达手段来实现的。归纳起来，主要有表现临场性的词汇、临场导引语、临场操作提示语、设问等四种手法。

1. 表现临场性的词汇

表现临场性词汇主要是指导游词中的临场时间名词、时间副词和指示代词等。

主要时间名词：现在、今天、刚才、此时此刻等。

主要时间副词：刚、刚刚、正在、立刻、马上、将要等。

指示代词主要使用近指代词，如"这里""此处""这会儿""这么""这样"等。

2. 临场导引语

主要是指对旅游者的引导或提示旅游者的一些用语。

例如，"请大家往上看""请大家顺着我手指的方向看""现在大家看到的是……""现在我们所处的位置是……""我们面前的是……""映入我们眼帘的是……""车行左前方是……"，等等。此外，还有引导旅游者参与的导引语，如"请大家试着……""现在请大家猜一猜……""哪位朋友愿意（做）……"，等等。

这些导引语的使用使此情此景、此时此刻、此地此人的浏览临场特征更加突出，也有对旅游者的引导与提醒作用。

3. 临场操作提示语

临场操作提示语就是附着在导游词中的具有指示作用或指导导游人员临场操作作用的说明用语。

4. 设问

设问就是根据旅游者的思路设计一些问题。其主要表达方式："来到（讲到）这里，大家可能会问……""大家一定会产生这样的疑问……""刚才有位朋友问……"，等等。

二、导游交际语言的表达要领

交际是人与人之间的往来接触。在导游服务中，导游人员主要是同游客和相关接待单位有关人员进行接触，而在接触过程中，语言是最基本、最重要的工具，语言表达方式、方法和技巧对接触效果都会产生影响。因此，为了同游客（主要接触对象）及相关接待单位友好相处，导游人员应不断提高自己的导游交际语言技能。

导游交际语言包含的内容很多，如见面时的语言、交谈时的语言、致辞（欢迎词、欢送词）的语言，导游人员同游客交往中对游客进行劝服、提醒、拒绝、道歉的语言等。

（一）称谓的语言技巧

在一般情况下，导游人员对游客的称谓经常使用以下三种方式。

1. 交际关系型

交际关系型的称谓主要是强调导游人员与游客在导游交际中的角色关系。如"各位游客""诸位游客""各位团友""各位嘉宾"等，这类称谓角色定位准确，宾主关系明确，既公事公办，又大方平和，特别是其中的"游客"称谓是导游语言中使用频率最高的一种。

2. 套用尊称型

套用尊称是在各种场合都比较适用，对各个阶层、各种身份也比较合适的社交通称。如"女士们、先生们""各位女士、各位先生"等，这类称谓尊称意味浓厚，适用范围广泛，回旋余地较大。但一般对涉外团较好，对国内团有点太正规。

3. 亲密关系型

多用于比较密切的人际关系之间的称谓。如"各位朋友""朋友们"等，这类称谓热情友好，亲和力强，注重强化平等亲密的交际关系，易于消除游客的陌生感，建议在和游客熟悉之后再用此称谓。对于同个别人交谈或招呼时，也可以采用职务称，如王教授、张医生；职业称，以其职业加上性别相称，如司机先生、护士小姐；姓名称，如李小姐、张先生等。

在旅游活动中，对游客的称谓总的原则应把握三点：一要得体，二要尊重，三要通用。

（二）交谈的语言技巧

在导游交际过程中，虽然导游讲解占据主要的地位，但往往还有大量的同游客自由交谈的时间，这对导游人员与游客的沟通、对游客情况的了解非常关键，因此，在与游客自由交谈时，要注意讲究交谈的技巧。

导游人员与游客的交谈意图是明确的，是以达到协调双方关系、缩短双方心理距离、建立良好的交际基础为基本目的。因此，导游人员与游客交谈时，主要是从对方感兴趣的或对方关心的话题切入。如对旅游目的地的提前了解，女性游客对时装、美容、小孩的关注，老年游客对身体健康、怀旧的兴趣等。

交谈是双方自觉自愿、平等交流、随和开放的行为，导游人员应注意创造交谈的条件，营造交谈的氛围，根据游客的心理特征、语言习惯、文化水平、脾气秉性等各种因素，随机应变地引导交谈的过程，使交谈气氛融洽，交流愉快，达到与游客互相理解、有效沟通的目的。

（三）劝服的语言技巧

在导游服务过程中，导游人员常常会面临各种问题，需要对游客进行劝服，如旅游活动日程被迫改变需要劝服游客接受；对游客的某些越轨行为需要进行劝说等。劝服一要以事实为基础，即根据事实讲明道理；二要讲究方式方法，使游客易于接受。

1. 诱导式劝服

诱导式劝服即循循善诱，通过有意识、有步骤的引导，澄清事实，讲清利弊得失，使游客逐渐信服。

2. 迂回式劝服

迂回式劝服是指不对游客进行正面、直接的说服，而采用间接或旁敲侧击的方式进行劝说，即通常所说的"兜圈子"。这种劝服方式的好处是不伤害游客的自尊心，而又使游客较易接受。

3. 暗示式劝服

暗示式劝服是指导游人员不明确表示自己的意思，而采用含蓄的语言或示意的举动使人领悟的劝说。

总之，劝服的方式要因人而异、因事而异，要根据游客的不同性格、不同心理或事情的性质和程度，分别采用不同的方法。

（四）提醒的语言技巧

在导游服务中，导游人员经常会碰到少数游客由于个性或生活习惯的原因表现出群体意识较差或丢三落四的行为，如迟到、离团独自活动、走失、遗忘物品等。对这类游客，导游人员应从关心游客安全和旅游团集体活动的要求出发给予特别关照，在语言上要适时地予以提醒。

1. 敬语式提醒

敬语式提醒是导游人员使用恭敬口吻的词语，对游客直接进行的提醒方式，如"请""对不起"等。导游人员在对游客的某些行为进行提醒时，应多使用敬语，这样会使游客易于接受，如"请大家安静一下""对不起，您又迟到了"。这样的提醒比"喂，你们安静一下""以后不能再迟到了"等命令式语言要好得多。

2. 协商式提醒

协商式提醒是导游人员以商量的口气间接地对游客进行的提醒方式，以取得游客的认同。协商将导游人员与游客置于平等的位置上，导游人员主动同游客进行协商，是对游客尊重的表现。一般来说，在协商的情况下，游客是会主动配合的。

3. 幽默式提醒

幽默式提醒是导游人员用有趣、可笑且意味深长的词语对游客进行的提醒方式。导游人员运用幽默的语言进行提醒，既可使游客获得精神上的快感，又可使游客在欢愉的气氛中受到启示或警觉。

如导游人员在带领游客游览长城时，提醒游客注意安全并按时返回时说："长城地势陡峭，大家注意防止摔倒。另外，也不要头也不回一股脑儿地往前走，一直走下去就是丝绸之路了，有人走了两年才走到，特别辛苦。"又如，几位年轻游客在游览时，纷纷爬到一尊大石象的背上照相，导游人员见了连忙上前提醒他们："希望大家不要欺负这头忠厚老实的大象！"这比一脸严肃地说"你们这样做是损坏文物，是要被罚款的"效果好得多。

（五）回绝的语言技巧

回绝即对别人的意见、要求予以拒绝。在导游服务中，导游人员常常会碰到游客提出各种各样的问题和要求，除了一些通常的问题和一些合理的经过努力可以办到的要求可予以解释或满足外，也有一些问题和要求是不合理的或不可能办到的，对这类问题或要求导游人员要回绝。但是，囿于导游人员同游客之间主客关系的束缚，导游人员不便于直接回答"不"，这时导游人员必须运用回绝的语言表达方式和技巧。

1. 柔和式回绝

柔和式回绝是导游人员采用温和的语言进行推脱的回绝方式。采取这种方式回绝游客的要求，不会使游客感到太失望，避免了导游人员与游客之间的对立状态。

2. 迂回式回绝

迂回式回绝是指导游人员对游客的发问或要求不正面表示意见，而是绕过问题，从侧面予以回应或回绝。

3. 引申式回绝

引申式回绝是导游人员根据游客话语中的某些词语加以引申而产生新意的回绝方式。

4. 诱导式回绝

诱导式回绝是指导游人员针对游客提出的问题进行逐层剖析，引导游客对自己的问题进行自我否定的回应方式。

总之，导游人员无论采用哪种回绝方式，其关键都在于尽量减少游客的不快。导游人员应根据游客的情况、问题的性质、要求的合理与否，分别采用不同的回绝方式和语言表达技巧。

（六）道歉的语言技巧

在导游服务中，因为导游人员说话不慎、工作中的某些过失或相关接待单位服务上的欠缺，会引起游客的不快或不满，造成游客同导游人员之间关系的紧张。不管造成游客不愉快的原因是主观的还是客观的，也不论责任在导游人员自身还是在旅行社方面，抑或相关接待单位，导游人员都应妥善处置，需要采用恰当的语言表达方式向游客致歉或认错，以消除游客的误会或不满情绪，求得游客的谅解，缓和紧张关系。

1. 微笑式道歉

微笑是一种润滑剂，微笑不仅可以对导游人员和游客之间产生的紧张气氛起到缓和作用，而且微笑也是向游客传递歉意信息的载体。

2. 迂回式道歉

迂回式道歉是指导游人员在不便于直接、公开地向游客致歉时，而采用其他方式求得游客谅解的方式。

导游人员除了采用迂回道歉方式改进导游服务外，还可以请示旅行社或同相关接待单位协商后，采用向游客赠送纪念品、加菜或免费提供其他服务项目等方式向游客道歉。

3. 自责式道歉

由于旅游供给方的过错，使游客的利益受到较大损害而引起游客强烈不满时，即使代人受过，导游人员也要勇于自责，以缓和游客的不满情绪。

不管采用何种道歉方式，道歉首先必须是诚恳的；其次，道歉必须是及时的，即知错必改，这样才能赢得游客的信赖；最后，道歉要把握好分寸，不能因为游客某些不快就道歉，要分清深感遗憾与道歉的界限。

第二节　导游人员的讲解技能

一、导游讲解基本原则

导游讲解是导游人员的一种创造性的劳动，因而在实践中，导游讲解的方式、方法可谓千差万别。要保证导游讲解的服务质量，导游讲解方式、方法的应用和创新都必须符合导游讲解的基本规律，要遵循一些基本的原则和符合一定的导游讲解要求。

（一）计划性原则

所谓计划性，是指导游讲解的科学性和目的性，要求导游人员在特定的工作对象和时空条件下，发挥主观能动性，科学地安排游客的活动日程，有计划地进行导游讲解。

首先，计划性表现为对整个活动日程的安排。遵循游览活动中的一般规律，如善于调节旅游节奏，以便游客保持旺盛的精力和体力；再如游览与购物、娱乐相结合，既能丰富旅游项目，满足游客的多方需求，也能使整个行程富于变化。

其次，在每一天的旅游活动安排上，还要特别注意科学地分配时间。如饭店至各参观游览点的距离及行车所需时间、出发时间、各条参观游览线所需时间、途中购物时间、午间就餐时间等。避免出现"前松后紧"或"前紧后松"的被动局面。另外，避免同一天旅游项目雷同，使游客始终保持稳定、持久的兴趣。

最后，计划性的另一个具体体现是每个参观游览点的导游方案。导游人员应根据游客的具体情况合理地安排在景点内的活动时间，选择最佳游览路线，导游讲解内容也要做适当取舍。什么时间讲什么内容、什么地点讲什么内容和重点介绍什么内容都应该有所计划，这样才能达到最佳的导游效果。

（二）针对性原则

所谓针对性，是指从对象的实际情况出发，因人而异，有的放矢。导游人员的工作对象复杂，层次悬殊，年龄参差不齐，审美情趣各不相同，因此，根据不同对象的具体情况,在接待方式、服务形式、导游内容、语言运用、讲解的方式方法上,应该有所不同;导游讲解时,导游词内容的广度、深度及结构应该有较大的差异。要求导游人员在较高的语言修养的基础上灵活地安排讲解内容,使其深浅恰当;灵活地运用语言,使其雅俗相宜,努力使每个旅游者都能获得美的享受。通俗地说,就是要看人说话,投其所好,导游人员讲的正是游客希望知道的、有能力接受的并且感兴趣的内容,切忌千人一面、千团一词。

总之,导游人员要在导游讲解的内容和方式方法上多下功夫,使不同类型的游客各得其所,使游客的不同需求都得到合理的满足。

(三)灵活性原则

所谓灵活性,是指导游讲解要因人而异、因时制宜、因地制宜。我们所讲的最佳时间、最佳线路、最佳旅游点等都是相对的,客观上的最佳条件若缺少主观圆满的导游艺术的运用和发挥,就不可能达到预期的导游效果。

导游讲解贵在灵活、妙在变化,这是由以下因素决定的:旅游者的审美情趣各不相同,不同景点的美学特征千差万别,大自然千变万化、阴晴不定,游览时的气氛、旅游者的情绪也随时变化。所以,即使游览同一景点,每次也都不一样,导游人员必须根据季节的变化、天气状况、具体时间、服务对象的不同,灵活地选择导游知识,采用切合实际的方式进行导游讲解。世界上没有两次完全相同的旅游,无论导游人员具有的知识和经验如何丰富,他总会遇到各种新情况,需要随机应变。总之,导游人员应根据讲解的对象和当时的时空环境,适当地调整讲解的分量、内容的深浅、音量的大小、速度的快慢,切忌千篇一律、墨守成规。

二、导游讲解的常用手法

(一)描绘法

描绘法是指运用具体形象、富有文采的语言,对眼前的景观进行描绘,使其细微的特点显现于游客眼前。在旅游过程中,有些景观没有导游人员的讲解和指点,很难发现其美的所在,唤起美的感受。而经过导游人员一番画龙点睛或浓墨重彩似的描绘,感受就大不一样。

(二)分段讲解法

分段讲解法是指对那些规模较大、内容较丰富的景点,导游人员将其分为前后衔接的若干部分逐段进行讲解的导游方法。一般来说,导游人员可首先在前往景点的途中或在景点入口处的示意图前介绍景点概况（包括历史沿革、占地面积、主要景观名称、观赏价值等），使游客对即将游览的景点有个初步印象，达到"见树先见林"的效果。然后带团到景点按顺次游览，进行导游讲解。在讲解这一部分的景物时注意不要过多涉及下一部分的景物，但要在快结束这一部分的游览时适当地讲一点下一部分的内容，目的是引起游客对下一部分的兴趣，并使导游讲解环环相扣、景景相连。

（三）突出重点法

突出重点法是指在导游讲解中不面面俱到，而是突出某一方面的导游方法。一处景点，要讲解的内容很多，导游人员必须根据不同的时空条件和对象区别对待，有的放矢地做到轻重搭配、重点突出、详略得当、疏密有致。导游讲解时一般要突出以下四个方面。

1. 突出景点的独特之处

游客来到目的地旅游，要参观游览的景点很多，其中不乏一些与国内其他地方类似的景点。导游人员在讲解时必须讲清这些景点的特征及与众不同之处，尤其在同一次旅游活动中参观多处类似景观时，更要突出介绍其特征。

2. 突出具有代表性的景观

游览规模大的景点，导游人员必须事先确定好重点景观。这些景观既要有自己的特征，又能概括全貌，实地参观游览时，导游人员主要向游客讲解这些具有代表性的景观。

3. 突出游客感兴趣的内容

游客的兴趣爱好各不相同，但从事同一职业的人、文化层次相同的人往往有共同的爱好。导游人员在研究旅游团的资料时，要注意游客的职业和文化层次，以便在游览时重点讲解旅游团内大多数成员感兴趣的内容。

4. 突出"……之最"

面对某一景点，导游人员可以根据实际情况，介绍这是世界或中国最大（最长、最古老、最高，甚至可以说是最小）的……因为这也是在介绍景点的特征，很能引起游客的兴致。

（四）问答法

使用问答法不仅可以避免导游人员唱独角戏，有利于活跃气氛，融洽关系，更可以满足各种游客的求知欲，还可以加深游客对所游览景点的印象。

1. 自问自答法

自问自答是指由导游人员自己提出问题，并且由自己来回答。自问自答法在掌握节奏和速度上，要比我问客答法来得快些，因为问的目的不是期待游客回答，而是吸引他们的注意力,促使他们思考,激起兴趣,如果有游客要回答或者想回答,那么导游人员也就顺水推舟、顺其自然了。

2. 我问客答法

我问客答法是指导游人员提出问题,期待游客回答的一种导游方法。提出问题后,一般要停顿数秒,如果游客实在回答不出,导游人员应立即给予答案,避免陷入尴尬的局面。我问客答法要照顾到游客的文化层次和兴趣倾向,并且经导游人员的简单诱导可以回答部分问题。防止单调乏味,激发游客的参与感和成就感,游客的回答不论对错,导游人员都不应打断,要给予鼓励。最后由导游人员讲解,并引出更多、更广的话题。

3. 客问我答法

游客提出问题,说明他们对某一景物产生了兴趣,进入了审美角色。对他们提出的问题,导游人员必须认真对待,有选择地将回答和讲解有机地结合起来。不要让游客的提问冲击你的讲解,打乱你的安排。在长期的导游实践中,导游人员要学会认真倾听游客的提问,善于思考,掌握游客提问的一般规律,并总结出一套相应的"客问我答"的导游技巧,以随时满足游客的好奇心理。

4. 客问客答法

导游人员对游客提出的问题并不直截了当地回答,而是有意识地请其他游客来回答问题。可以诱导游客间产生良好的互动。这种导游方法不宜多用,以免游客对导游人员的能力产生怀疑,产生不信任感。

该法是问答四法中难度最大的方法,导游人员如果使用得当,不但调动了游客的积极性,而且能活跃旅游团队内的气氛,加强导游人员与游客以及游客与游客之间的关系。

运用客问客答法时,导游人员要把握好时间、地点和团队气氛,一般在旅游团队中游客玩得高兴时,或者对某些问题颇感兴趣时效果会更好。

(五)虚实结合法

虚实结合法是指在导游讲解中将典故、传说与景物介绍有机结合,即编织故事情节的导游方法。所谓"实",是指景观的实体、实物、史实、艺术价值等,而"虚",则指与景观有关的民间传说、神话故事、趣闻逸事等。"虚"与"实"必须有机结合,但以"实"为主,以"虚"为辅,"虚"为"实"服务,以"虚"烘托情节,以"虚"加深"实"的存在,努力将无情的景物变成有情的导游讲解。

在实地导游讲解中,导游人员一定要注意不能"为了讲故事而讲故事",任何"虚"的内容都必须落到"实"处。导游人员在讲解时,还应注意选择"虚"的内容要"精"、要"活"。所谓"精"就是所选传说故事是精华,与讲解的景观密切相关;所谓"活",就是使用时要灵活,见景而用,即兴而发。

（六）触景生情法

触景生情法是指在导游讲解中见物生情、借题发挥的一种导游方法。在导游讲解时，导游人员不能就事论事地介绍景物，而是要借题发挥，利用所见景物制造意境，引人入胜，使游客产生联想，从而领略其中妙趣。

（七）制造悬念法

制造悬念法是指导游人员在导游讲解时，提出令人感兴趣的话题，但故意引而不发，激起游客急于知道答案的欲望，使其产生悬念的导游方法，又称"吊胃口""卖关子"。通常是导游人员先提起话题或提出问题，激起游客的兴趣，但不告知下文或暂不回答，让他们去思考、去琢磨、去判断，最后才讲出结果。这种"先藏后露、欲扬先抑、引而不发"的手法，一旦讲出来，会给游客留下特别深刻的印象。制造悬念法是导游讲解的重要手法，在活跃气氛、制造意境、激发游客游兴等方面，往往能起到重要的作用。但是，再好的导游方法都不能滥用，"悬念"不能乱造，以免起反作用。

（八）类比法

类比法是指以熟喻生，达到类比旁通的导游手法。导游人员用游客熟悉的事物与眼前的景物相比较，定会使游客感到亲切和便于理解，达到事半功倍的导游效果。运用类比法可有下面三种具体方法。

1. 同类相似类比

同类相似类比是将相似的两物进行比较，便于游客理解并使其产生亲切感。

2. 同类相异类比

同类相异类比则是将两种同类但有明显差异的风物进行比较，比出规模、质量、风格、水平、价值等方面的不同，以加深游客的印象。

3. 相同时代类比

导游人员在导游讲解时，可进行时代之比。由于各国纪年方式不同，在介绍历史年代时，应注重游客的理解程度，要用游客能理解的表述方式。

三、导游讲解的具体要求

导游讲解是为了向游客有效地传播知识、联络感情的一种服务方式。

一方面，导游人员讲解的知识要能够为游客所理解；另一方面，要使游客产生心理上或行为上的认同和情感上的趋同。导游人员要提高自己的口头语言表达技巧，必须在"达意"和"舒服"上下功夫。导游人员在讲解时，应符合以下八项具体要求。

（一）言之有物

你若没有具体数据，你若没有生动案例，你就不可能令人信服地谈论导游和生动地进行导游。

导游讲解要有具体的指向，不能空洞无物。讲解资料应突出景观特点，简洁而充分。可以充分准备，细致讲解。导游人员应把讲解内容最大限度地"物化"，使所要传递的知识深深地烙在游客的脑海中，实现旅游的最大价值。

（二）言之有理

要入情入理，以理服人，另外一层含义是导游讲解要符合一定的生活和风俗习惯，符合人们的欣赏习惯，符合法律法规。

（三）言之有趣

导游人员在讲解时，要生动形象、幽默风趣，既可以活跃气氛，提高游兴，又可以融洽感情，化解矛盾。

（四）言之有神

导游人员在讲解时要精神饱满，多用形象化的语言，言者有神，言必传神，引人入胜；导游讲解应尽量突出景观的文化内涵，使游客领略其内在的神采。

（五）言之有据

导游讲解必须有根有据，知识和信息来源一定要可靠，具有权威性和可信度。导游语言要诚实，不尚虚文。不能胡编乱造或张冠李戴。

（六）言之有情

导游人员要善于通过自己的语言、表情、神态等传情达意。讲解时，应充满激情和热情，又充满温情和友情，富含感情和人情的讲解更容易被游客接受。

（七）言之有喻

恰当地运用比喻手法，以熟喻生，通俗易懂，增加旅游审美中的形象和兴趣。

（八）言之有礼

导游人员的讲解用语和动作、行为要文雅、谦恭，让游客获得美的享受。

"八有"原则中，言之有理体现了导游语言的思想性（也称哲理性）；言之有物、言之有据是导游语言的科学性和知识性；言之有神、言之有趣、言之有喻是导游语言的艺术性和趣味性；言之有礼、言之有情则是导游人员的道德修养在导游讲解中的具体体现。

四、自然景观导游讲解技巧

（一）水体景观讲解服务

1. 水体景观基础知识

水体是指以相对稳定的陆地为边界的水域，是河流、湖泊、沼泽、水库、地下水和海洋的总称。

水体可分为海洋水体和陆地水体两大类。陆地水体又可分为地表水体和地下水体，地表水体有河流、湖泊、沼泽、水库等。从水体存在的区域看，可将其划分为水域和水系。水域是指某一具体被水覆盖的地段，如洞庭湖、鄱阳湖；水系是指流域内大大小小的水体，构成脉络相通的系统，由干流及若干支流及流域内的湖泊、沼泽等组成，如长江水系、黄河水系、滦河水系等。

2. 水体景观讲解服务技巧

（1）水体景观讲解服务基本要求

①分析游客旅游动机，灵活运用讲解方法

不同游客文化层次不同，旅游动机也不同。水体的外部形态和文化内涵不同，因而在水体景观游览中，游客获得的美感和感悟也存在很大差别。这就要求导游要抓住旅游地水体景观的特色，制定合理的旅游线路，选择不同的讲解方法，灵活运用。

②全面了解水体的风格与差异

同为水景，但因为水的类型不同，如海水、江水、河水、湖水、泉水、溪水等，带给人们的景致不同。

A. 水体类型不同，美的风格不同。直观地看，海洋浩瀚无际、碧波万顷、怒潮澎湃、深邃奥妙；流泉、溪涧、小湖，则多给人以秀丽、幽美之感；江河大湖常介于两者之间，江河虽有"孤帆远影碧空尽"的意境，但终不及海洋带给人们的意境真切与强烈。某些海岸虽然也具有秀丽优美的景色，但终不如泉、溪、小湖带给人的恬静与浓厚。所有这些，都是由于它们各自水体类型不同的缘故，所以，同为水体，其类型不同，美的风格不同。

B. 同一水体类型，但因各自组合条件不同，其美的意境也不同。

C. 从景观类型讲解其特征、从景观配合讲解其特色。不同的水体由于其存在状态的不同，表现出来的景观特征不同，即使是同一水体类型，由于所处地域环境的差异，各自然地理因素组合的不同，表现出来的特征也存在差异。在导游讲解中，导游员要根据具体水体景观的特点来把握好它们的特征,突出景观的个性。

D. 引导游客"亲近"水。

(2) 不同水体景观的导游讲解

① 河流的导游讲解

由于河流分布极为广泛,在地球上不同温度带的江河其景色不同,同一江河的不同地段的景色也不同,因此在实际游览导游中,导游员的游览与讲解要根据不同的景观特点、具体的景点分布和景色的构成及多种导游讲解方法,进行游览引导和导游讲解。

② 湖泊的导游讲解

A. 概述性导游。做湖泊概述性导游时,要注重概念的导入、分布地区介绍及旅游价值三方面的内容。

B. 科普性导游。做科普性导游要从湖泊的成因开始进行讲解。

③ 景观导游

人们常用湖光山色来形容自然风光的优美妩媚。一个风景区有了湖光,山色自然就会增辉;有了山清水秀,绿水环绕,湖光波影,岸边垂柳,自然风光才能更加绚丽多彩。

④ 文化承载的讲解

讲解要与周围人文景物相配合,尽可能采用名人效应和诗词歌赋借用法,积极导入民间故事和传说烘托讲解效应。例如,讲解杭州西湖十景,每一景都要引出一段故事、一些名人,如白居易、苏轼等。

(二) 动植物景观讲解服务

1. 动植物景观基础知识

(1) 动植物景观概念

凡是具有旅游观赏价值的植物或动物资源及其相关内容,统称为动植物景观,包括植物景观和动物景观两大类。

(2) 动植物景观分类

① 植物以植物茎的形态分类可分为乔木、灌木、亚灌木、草本植物与藤本植物等。

② 植物以植物的生态习性来分类可分为陆生植物、水生植物、附生植物、寄生植物与腐生植物等。

③ 植物以植物的生活周期来分类可分为一年生植物、二年生植物与多年生植物。

④ 动物可分为无脊椎动物和脊椎动物两类。

2.动植物景观讲解服务技巧

（1）植物景观导游要求

植物景观具有极高的观赏价值，其中蕴含了形态美、声音美和寓意美等多种审美要素。导游时要注意引导审美和讲解相结合。具体讲解时应注意：

①掌握植物景观的要领，了解不同植物的习性，选择最佳观赏时间和角度。

②掌握观赏不同植物的程序。

③进行科普导游讲解，引导并教会游客认识植物。

④讲解不同植物的作用和功能，如装饰功能、造景功能、修身保健功能等。

⑤进行文化寓意的引申讲解，对比不同文化环境下，不同植物的人文精神，教会游客识"花语"。

（2）植物景观与导游讲解

①突出形态。

②突出色彩。

③突出香味，如荷花香远益清，桂花浓郁扑鼻，兰花幽香缕缕，梅花暗香浮动。

④突出性能，如药用价值、实用价值、经济价值。

⑤突出寓意。

（3）动物景观导游

①动物景观的特点和导游要领

A.动物景观特点：奇特性，如扬子鳄、娃娃鱼、四不像、金丝猴；珍稀性，如武夷角怪、峨眉弹琴蛙、褐马鸡、丹顶鹤、大熊猫、东北虎；药用性，如虎骨、麝香；表演性，如大象表演、猴子杂耍、赛马、训熊、斗鸡等；观赏有特定距离要求，特别是野生动物园，游客不能零距离接触。

B.导游要领：安全与保护第一；科普讲解与动物保护教育结合。突出珍稀性，寓意内涵相结合。

②动物景观导游讲解

A.观形讲态。动物千奇百怪，各具特色。东北虎给人以王者印象；长颈鹿体态典雅华贵；大象为长鼻动物；麋鹿俗称"四不像"。

B.赏色讲意。世界动物色彩斑斓，例如金丝猴毛色金黄，金光闪闪；非洲的斑马黑白相间；白熊通身雪白等。

C. 表演与娱乐，如大象按摩、猴子听戏、孔雀开屏、大熊猫表演等。

D. 听声动物。动物中有许多"歌唱家"，如学舌的八哥、峨眉山的弹琴蛙等。

E. 动物科学观赏，包括教学观赏和科普观赏。

（4）自然保护区导游讲解

①自然保护区的内涵

自然保护区是国家把一些能揭示自然界内在规律的具有典型意义和价值的森林、草原、水域、湿地、荒漠等各种生态系统类型以及自然历史遗迹地等，划出一定的面积，设定机构，管理和建设起来，作为保护自然资源和开展科研工作的基地。自然保护区包括自然环境和自然资源两个部分。保护区能保护人类生存的大环境和这个环境中的一切资源。

②自然保护区的类型

A. 综合型自然保护区。以保护完整的自然生态环境为主，如长白山、阿尔金山、西双版纳等自然保护区。

B. 珍稀植物型自然保护区，如小兴安岭森林自然保护区。

C. 珍稀动物型自然保护区。重点保护珍稀动物，如卧龙大熊猫保护区。

D. 自然遗迹型自然保护区。保护各类有价值的自然或历史遗迹，如五大连池火山地貌。

③自然保护区游览与导游讲解

首先，要突出"保护"二字；其次，要遵守保护区的规定，如限人数限线路；最后，要以科普讲解为主。

（三）中国古典园林景观讲解服务

1. 中国古典园林景观基础知识

在一定的地域范围内，利用并改造天然山水地貌或者人为开辟山水地貌，结合植物的栽植和建筑的布置，而构成的一个供人们观赏、游憩、居住的环境，就称为园林。

中国古典园林是指以江南私家园林、北方皇家园林和岭南园林为代表的中国山水园林的形式。

2. 中国古典园林景观讲解思路

中国古典园林景观凝聚了古代社会人们对生存空间的一种向往，是人们的审美观念、社会科学技术的综合反映。游览此种景观可以丰富视野，为生活创造美丽。讲解时应注意结合实地情况，尊重自然。一般来说，要从以下几个方面入手。

（1）讲清历史背景，解读园林名称

悠久的历史、特定的文化背景决定着中国园林的风格特点。导游员要深入了解与之有关的史料背景，包括政治、经济、社会等条件，熟悉其历史发展沿革。特别要重视对园林名称的理解，不少园林的名称往往是造园林者的理念、情趣、爱好和造园指导思想的集中体现，应细心领会，重点介绍。

（2）讲清艺术特点，品出园林意境

中国园林在不断发展中逐渐形成了独特的艺术风格，即布局匀称、错落有致、交相辉映、山水交融，富有浓郁的诗情画意，体现了人与自然的和谐相处。导游员带领游客在参观过程中要让游客感受到中国园林造园的艺术特点和独特魅力，品味园林深层次的意境。

（3）讲清景点内涵，领会构景匠心

园林景观凝聚着设计者的思想，每个景点体现着设计者智慧的火花，并镌刻着时代的烙印，导游员要学会透过各种构园手法和构景方式，解读造园者的艺术匠心及抒情意境，把景点的内涵讲给游客，通过一个景点让游客去认识园林内在的思想感情，领略园林景观文化的博大精深。

（四）中国古代建筑景观讲解服务

1. 中国古代建筑景观概述

中国古代建筑景观是指定区域内的民族在某历史时期所创造的建筑物，它具有鲜明的地域性、时代性、科学性和艺术性。它综合地反映了该民族在某一历史阶段所达到的科学技术和文化艺术水平，是当时物质文明和精神文明的标志。

2. 中国古代建筑景观讲解思路

中国古代建筑具有悠久的历史和光辉的成就。我国古代建筑的赏析是导游人员引导游客游览古建筑类景区必备的技能之一。我国古代建筑类别繁多，特征丰富。因此要做好古建筑景区的讲解，除了要具备一定的常识外，还要注重讲解的思路。一般来说，要从以下几个方面入手。

（1）讲清历史背景，注意时代特征

建筑艺术是时代的产物，是典型的历史载体，它与一定的社会条件是分不开的。导游员要具有中国历史文化知识，掌握其历史背景，才能生动形象地向旅游者讲解其文化内涵。建筑是"凝固的音乐"，是当时社会形态的缩影，是当时社会文化的真实反映。

（2）讲清建筑特点，注意建筑内涵

中国古代建筑都有一定的特点，体现出一种境界，给游客一定的美感。一个优秀的古代建筑导游员应能够将建筑的内涵向游客做出解释，从而让游客从文化的角度更深层次地了解中国古建筑。

（3）讲清景观细节，注意建筑功能

中国古代建筑景观形式多样、内涵深厚，无论是主体建筑还是配套建筑，无论是建筑小品还是建筑构件，都具有一定的意义和相当强的使用功能，在导游过程中要讲解清楚、分析到位，这"凝固的音乐"才会优美动听。

第五章 导游应变与带团技能

第一节 导游应变技能

一、旅途中常见问题的处理

（一）旅游活动计划和日程的变更

1. 旅游活动计划和日程的概念

旅游活动计划是旅行社根据与旅游者签订的旅游合同而制订的旅行游览计划，包括要游览的景区景点、旅游交通方式、旅游总日程、餐饮和住宿安排、导游服务、旅游接待等级和标准等核心内容。旅行社计调等业务部门给导游人员下达的旅游活动计划主要体现为旅行社的《团队运行计划表》。由于旅游计划具有唯一性和权威性，无论导游人员还是旅游者，都不能随意更改或违背旅游活动计划，旅游团队的一切纠纷也必须在旅游活动计划的框架内寻求解决。旅游执法部门在执法检查时如果发现导游人员未经旅行社和游客同意，擅自增加或减少旅游活动计划中既定的旅游项目，可以对导游人员给予严厉处罚。

旅游活动日程是旅行社计调部门根据团队旅游活动计划制订的详细的行程安排。旅游活动日程的制定应遵循科学合理、劳逸结合、不同类型旅游项目交替安排、上下站景点错落有致的规律。旅游活动日程是旅行社线路产品的重要代表，也是旅行社计调实力和线路设计实力的真实体现。旅行社下发给导游人员的行程安排，一般都经过了周密的考虑和多个团队的实践检验，有很强的合理性，导游人员不可轻易否定或任意调整。如果导游人员对日程有更好的建议，可以通过逐级向上反映的方式，经计调、质检等部门实地调查属实后，才能由旅行社以更改《团队运行计划表》的方式修改日程。

导游人员原则上应严格按旅行社下发的《团队运行计划表》所确定的计划和日程安排旅游团队参观游览，对旅游活动计划和日程的变更从严把握。如果因各种主客观原因确实需要变更的，必须先报告旅行社，并区分不同的情况，有针对性地提出变更方案供旅行社选择，然后按旅行社确定的方案组织实施。

2. 旅游活动计划和日程的变更类型

依变更的原因不同，旅游活动计划和日程的变更可分为旅游团队主动变更和因客观原因被迫变更两种。

（1）旅游团队主动要求变更旅游活动计划和日程

旅游团队要求变更旅游活动计划和日程，肯定有一定的主客观原因。大的变动，组团旅行社会与地接旅行社直接协商，变动后由地接旅行社外联部或计调部通知导游人员更改行程即可。小的微调，团队领队或全陪可能会不报告地接旅行社而直接与地陪协商。地陪应该充分听取领队或全陪的意见，坚持变更计划从严、调整日程从宽的原则，正确判断要求的变动只是日程调整还是实质性地改变了旅游活动计划安排（如改变了接待等级、食住行游标准、增减了景点等）。如果仅仅是游览日程的调整，如游览时间和游览先后顺序的变化，而不改变游览的内容，不改变旅行社已有的预订，可尽量予以满足，借此增进与领队、全陪和游客的友好关系。

如果对方的要求含有改变旅游活动计划的内容，导游人员就应该慎重处理。一般情况下应坚持按合同办事，不轻易改变旅游计划，这样既可避免日后扯皮，又可争取主动，便于后面的讨价还价。但导游人员也应认真听取客人建议，对于"合理而可能"的要求，在报经旅行社同意后，可以适当做出调整。

如果旅行社同意了旅游团队调整旅游活动计划的请求，导游人员应注意做好以下两件事。

①要巧妙地与对方讨价还价，对调整计划后所造成的费用变化，尽量争取执行有利于本旅行社的方案。

②为了保护自己，最好请客人提供书面申请或建议，尤其要求对方全陪或领队代表组团旅行社在申请或建议书上签字并明确表示同意，己方旅行社也应有同意更改计划的传真（可请旅行社将传真发给团队将入住的酒店代收），以应对旅游执法队检查，避免事后扯皮。

（2）客观原因被迫变更活动计划和日程

客观原因导致旅游活动计划和日程的变更往往由地接旅行社提出，团队领队或全陪决定是否采纳，当然，领队或全陪也可以提出合理化建议。导致旅游活动计划和日程变更的客观因素主要有恶劣天气、自然灾害、公路塌方、航班取消、海关紧急关闭、交通和景区封闭、旅游地出现重大疫情等。因客观原因被迫变更旅游活动计划或日程的情况极为常见，导游人员遇到这类问题时不要惊慌，应按下述程序处理。

①了解情况，判断是否确实需要变更旅游活动计划和日程。

②安抚游客，稳定游客的情绪。

③在对事态进行充分了解后，各方导游（地陪、领队或全陪）共同分析计划和日程变更的后果，商量应变办法。

④将应变办法分别向组团旅行社、地接旅行社报告。

⑤旅行社同意后，及时向游客通报，争取他们的理解和支持，并根据计划变更情况对日程做出相应的调整。

3. 旅游活动计划和日程的变更形式

旅游活动计划和日程的变更主要有延长旅游日程、缩短旅游日程、部分改变游览计划三种形式。旅游团队主动要求变更的，处理起来较容易，这里主要介绍被迫变更的情形下的处理技巧。

（1）延长旅游时间

由于客观原因，如航班取消、公路塌方等造成的团队滞留，往往需要延长旅游团队在滞留地的游览时间。导游人员在旅行社确定延长游程后，应及时做好游客说服工作；要给客人一些发泄的时间，这期间导游人员必须默默承受并主动平息客人的抱怨；当客人情绪平静之后，导游人员可根据调整后的计划和日程重新安排团队游览、用餐、用房和用车事宜，如延长在主要景点的游览时间，适当增加游览内容或安排一些丰富多彩的娱乐活动，尽量使游客感到充实有趣；导游人员还应及时向下一站旅行社通报情况，便于其对行程做出相应调整。需要说明的是，由于客观原因造成的行程延误，客人应该承担延误期间产生的住宿、餐饮等基本费用，导游人员可根据旅行社的安排，决定是否收取上述费用。

（2）缩短或取消在某地的游览时间

客观原因造成团队行程的缩减，往往需要减少游览的景点或压缩游览时间，取消部分预订内容如退餐、退房和退车。如果处理不好，会招致游客反感甚至投诉。导游人员应慎重行事，尽量抓紧时间，将计划内的游览项目尽可能安排完成；若确有困难，可将本地主要景点、特色景点的情况向客人做介绍，请其选择最希望去的几个，再酌情安排，使他们尽可能不带着遗憾离去；有些景点或游览项目实在没时间安排，旅行社应退还相应的费用，以弥补客人的经济损失。

（3）逗留时间不变，但被迫改变部分旅游计划

客观原因造成部分旅游活动计划的改变，较多表现为个别景点或某项活动被取消，旅行社被迫寻找同类景点来替代。如四川黄龙景区每遇大雪就会封闭，旅游团队无法进入，只能改游牟尼沟。改变部分旅游活动计划时，原则上应由组团社与地接社协商决定，导游人员应做好替代景点的宣传、介绍工作，激发游客的观赏兴趣，促使他们最终接受旅行社的安排。改变计划后如果替代景点与原景点差距太大，旅行社应给予游客一定的补偿。

（二）游客丢失证件、物品的预防和处理

旅游期间游客丢失证件、物品也是比较常见的现象，这不仅会给游客本人造成不便，也给导游人员带来不少麻烦，甚至可能影响团队行程。

1. 游客丢失证件、物品的预防

导游人员在这方面应做的工作有以下几点。

①多做提醒工作。如入住饭店后，导游人员应提醒客人将贵重物品存放到贵重物品保管室；离开饭店时，提醒客人清点好行李物品和旅行证件；离开旅游车时，提醒客人勿将贵重物品留在车上；参观游览期间，尤其在人多拥挤的场所，时时提醒游客照看好随身钱物。

②切实做好行李的清点、交接工作。

③导游人员原则上不要替游客保管证件和钱物。工作中需要使用游客证件时，应由领队或全陪收取，用后立即归还。

④提醒旅游车司机将车停放在有人值守的停车场；客人下车后，司机应清车，关好门窗，原则上不要远离旅游车。

2. 游客丢失证件的处理

若游客向导游人员报告丢失了证件，导游人员应先请客人冷静回忆，是否将证件放于其他地方或是否交给其他人代管，确认是否真正丢失；如确认已丢失，导游人员应详细了解丢失情况，尽量协助寻找；确信无法找到时，导游人员应报告旅行社或公安部门、接待社领导和组团社并留下游客的详细地址、电话。协助游客到有关部门补办手续，所需费用由失主自理。

3. 游客丢失物品的处理

若游客丢失财物，导游人员应详细了解失物的形状、特征、价值，分析物品丢失的可能时间、地点，并积极帮助寻找。如果当游客离开本地时仍未找到，可留下游客的通讯地址和联系电话，以备今后找到时送回。

如果丢失的是贵重物品，或是入境时已登记必须带出境的物品，接待旅行社应协助失主到当地公安局登记备案，请公安局开具遗失证明，以备游客出境时交海关查验或向保险公司索赔。

（三）游客走失的预防和处理

在旅游途中，有部分游客可能嫌团队旅游节奏太慢而选择独自行动，也有部分客人动作迟缓，最后与团队脱离，甚至可能在既定时间内没能准时返回。若他们的行踪有团友知晓，通过手机能够联系上，只要集合时多等一等，客人就可能赶上团队，这些便不属于游客走失的范畴。游客走失是指游客完全与团队失去联系，且在既定的时间内没能准时归队。这种走失往往是旅游重大事故发生的前兆。

1. 游客走失的预防措施

游客走失，多数情况下导游人员应负一定的责任，如导游人员到景区后放任游客自行游览，自己在一旁等候；导游人员只顾讲解，没有注意到游客已经掉队；导游人员安排的游览时间太匆忙，致使个别游客因摄影、上厕所、购物等而掉队，最终造成走失；等等。也有的游客走失，尤其是自由活动时游客的走失，表面上看与导游人员没有直接责任，但其实是导游人员交代注意事项不清楚、预防走失措施不得力的结果，严格追究起来，仍与导游服务不周有一定的联系。

发生游客走失事故，往往会影响团队日程和团队气氛，还可能造成严重后果，所以不管有没有责任，导游人员都应该竭力避免出现此类事故。

2. 游客走失的处理

游客走失主要发生在游览过程中和自由活动时，导游人员应区分不同情况，采取相应的对策进行处理。

（1）游客在旅游景点中走失

在游览活动中发生游客走失，导游人员应首先了解走失的有关情况，判断走失的时间和可能的方向，然后组织人力分头寻找。如果有两位以上的导游人员在场，可留下一人照管其他客人，其余导游人员沿来路或可能走失的路线寻找；如果在现场没找到走失游客，应请景区派出所或景区管理部门协助寻找；如果团队分乘两辆以上旅游车，导游人员可与其他车辆驾乘导人员联系，看客人是不是上错了车；如果景区离下榻的饭店不远，有可能客人自行返回了饭店，导游人员应及时请饭店总服务台帮助查找。

采取上述措施后若仍找不到走失游客，导游人员就应向旅行社报告，请旅行社来人处理，导游人员带团继续旅行；找到走失者后，应查清事故原因，如属导游人员的责任，导游人员应赔礼道歉；如果责任在游客，也不要过分指责，可善意地提出批评，请客人以后多注意，避免再发生类似的事故。对于严重走失事故，导游人员应在事后写出书面报告，详细记述游客走失经过、寻找经过、走失原因、善后处理情况及游客反映等，将有关情况记录在案。

（2）游客在自由活动时走失

游客若在自由活动时走失，导游人员应立即报告旅行社，必要时要向所在地的公安局或派出所报告，提供走失者的特征，请求帮助，做好善后工作。同样，游客返回后，导游人员要多加安慰，并嘱咐其随后日程的注意事项，不要过多指责。若游客走失后出现其他情况，应视具体情况作为治安事故或其他事故处理。

（四）旅游交通事故、治安事故和火灾事故的预防和处理

旅游交通事故、治安事故和火灾事故属恶性旅游事故，会使游客的生命和财产蒙受重大损失，甚至给旅游地的社会声誉和形象造成恶劣影响。正确预防和处理这三大事故是导游人员义不容辞的责任。

1. 旅游交通事故的预防和处理

旅游交通事故往往造成群死群伤的严重后果，不仅使游客的生命财产安全受到损害，也会给旅行社带来巨大的经济负担，部分中小旅行社可能因此陷入亏损甚至破产的困境；同时，旅游交通事故往往造成大量退团现象。因此，导游人员和司机应该时刻牢记交通安全法规，把交通安全放在首位，避免发生旅游交通事故尤其是恶性旅游交通事故。

汽车是主要的旅游交通工具，也是最容易发生旅游交通事故的运输工具。旅行社要选择正规旅游车公司以及车况良好的旅游车，不能贪图便宜使用非营运车辆；行车途中，导游人员要时刻牢记行车安全，不与司机聊天，劝阻司机的超速行驶、疲劳驾驶和酒后驾驶行为；在天气、路况不好时，尤其是经过狭窄路段或弯道及出现飞石、塌方、滑坡、结冰路段时，导游人员更要提醒司机规范驾驶、谨慎驾驶；导游人员要注意车上行李的码放，游客座位上方的行李架上绝对不能放置重物，以防急弯时行李震落砸伤客人。如遇有道路不安全的情况，可以改变行程，必须把安全放在第一位。阻止非本车司机开车。如遇司机酒后开车，决不能迁就，地陪要立即阻止，并向领导汇报，请求改派其他车辆或换司机。提醒司机经常检查车辆，发现事故的隐患及时提出更换车辆的建议。

2. 治安事故的预防和处理

治安事故是指游客遭受偷窃、抢劫、诈骗等治安方面的侵害，以致生命和财产安全受到威胁。导游人员在服务中要保持警惕，采取有效措施，防止治安事故的发生。例如提醒游客：不要让陌生人进入房间，尤其要警惕个别分子假扮饭店工作人员进入客房作案，不要与私人兑换外币，对不认识的团友不能过分相信，贵重财物应寄存到饭店保险柜，游览或外出时尽可能结伴同行等。导游人员平时要眼观六路、耳听八方，认真观察周围环境，发现有不正常现象时，须立即采取措施，防患于未然。

3. 火灾事故的预防和处理

在旅游活动中的火灾事故，多数是发生在饭店。有些设施陈旧、价格低廉的饭店，平时不注意设施设备的维修保养、线路老化、消防通道堵塞，很容易发生火灾事故并酿成恶性后果。旅行社应避免安排团队入住这样的饭店，而应选择有安全保障的饭店入住。

入住后，导游人员应提醒游客不携带易燃易爆品进入饭店客房，有些护发用品属易燃物，导游人员应提醒游客不要让其与明火接触；要求游客不卧床抽烟，不向地毯上乱扔烟头，不在客房内使用大功率电器。为了保证火灾时游客能及时疏散，导游人员还应向游客介绍饭店楼层的安全通道（步行楼梯）。导游人员应牢记火警电话，并熟悉本团队游客所住的房间。

二、旅游者个别要求的处理

（一）旅游者个别要求的处理原则与要领

旅游是一种具有高文化品位的休闲活动。旅游活动既是个体行为，也是群体行为。在旅游活动中，无论是导游人员还是旅游者，都要面对和处理一系列的人际关系。

尤其是导游人员，在履行组团旅行合同的同时，还要面对和解决旅游者提出的各种各样的要求。妥善处理旅游者的各种要求并能提供优质服务是对导游人员处理问题能力的考验，也是对导游服务质量的一种检验。因此，在带团过程中，准确判断旅游者的要求并且能够有针对性地妥善处理，是导游人员必须掌握的业务技能。要想做到这一点，导游人员光有知识还不够，还要有一定的生活阅历和工作经验，才能应对旅游中出现的问题。

1. 旅游者个别要求的特点

（1）个别性、特殊性

旅游者提出的要求，代表着提出者的特殊需求，与旅游团体并无直接联系，因此具有个别性和特殊性的特点。

（2）非契约性

旅游者的个别要求通常不属于旅游合同规定的内容，在实际处理过程中会给导游人员带来一定额外的工作量。但是，并不等于导游人员就可以对这些要求置之不理。

（3）不可预见性

个别要求是由旅游者临时、突发提出的，导游人员事先无法预见，在处理上会有一定的难度。不可预见性是旅游者个别要求最鲜明的特点。

（4）复杂性

旅游者的个别要求通常五花八门，可能与旅游活动有关，也可能与旅游活动无关；可能是常规要求，也可能是旅游者的个人爱好。这些要求中，有些是合理而可行的，有些是合理而难行的，也有些是既不合理又不可行的。但无论哪一种，如果处理不好，都会给旅游者的后续行程带来阴影，影响到整个旅游团的气氛。

2. 旅游者个别要求的处理原则

（1）合理而可能的原则

导游人员的职责是为旅游者提供向导、讲解及相关旅游服务，主要工作对象是旅游者。满足他们的合理要求，使行程愉悦、和谐是导游人员的主要任务。导游人员在带团过程中应该仔细观察，设法了解旅游者的心理活动，帮助他们解决实际困难。如果旅游者提出的要求合理，即使有些难度，导游人员也应该尽量予以满足，而不是用简单的一句"无法办到"来打发。尤其是在带特殊团队时，如老年旅游团、学生夏令营、残疾人旅游团等,更要通过细微服务、针对性服务,努力满足他们的个别要求。导游人员如果能够做到这一点,必然会得到旅游者的高度评价。

（2）耐心解释的原则

旅游者提出的个别要求大多数是合情合理的,也有些要求虽然合理,但会耗费导游人员相当长的时间,给导游人员的工作带来很大的难度。还有些要求与旅游合同相悖,或目前达不到满足的条件,或有违中国的法律法规。对于这些要求,导游人员要认真倾听,不要急于表态;要耐心解释,态度切忌简单粗暴,尽可能采用柔性语言。即使旅游者的要求不合理,也不要对其恶语相加、冷嘲热讽。

（3）尊重游客、不卑不亢的原则

旅游团中难免存在过分挑剔或无理取闹的人,有时候他们会提出一些不合理的要求来刁难导游人员。对此,导游人员应保持冷静,坚持有理有节、不卑不亢的处理原则,对旅游者以礼相待。在做好耐心解释的基础上,认真工作,热情服务。如果旅游者的无理要求影响到了旅游团的正常活动,导游人员可请领队或全陪协助解决,或争取团内大多数游客的支持,请其主持公道。

3. 旅游者个别要求的处理要领

（1）认真倾听,正确判断

对旅游者任何一种个别要求,导游人员都应认真倾听。这既是出于礼貌,又可为争取旅游者的理解和有效处理打下良好的基础。倾听后要迅速、正确地判断旅游者个别要求的实质,考虑解决的措施,必要时可向旅行社报告,切忌采取全面否定或全盘接受的态度。

（2）区别对待,妥善处理

①对于合理而可行的要求,导游人员应尽最大努力帮助完成。

②对于合理但难行的要求,导游人员应表现出尽心的态度,并通过行动让旅游者看到,自己确实在为达到他们的要求而努力。经过努力仍然难以完成的要求,通常不会引起旅游者的不满。

③对于不合理的要求,导游人员则一要讲礼貌;二要讲态度,冷静解释,不要与其发生正面冲突;三要讲原则,说明婉拒理由;四要讲服务,不以对方要求的不合理而放弃以后的服务。

在帮助旅游者满足个别要求的同时,导游人员要注意照顾到其他旅游者的感受,时刻提醒自己是为整个旅游团服务的,以免顾此失彼,引起其他旅游者的不满。

（3）请示旅行社,争取多方协助

凡是处理起来难度大、政策性强的要求,导游人员必须多请示旅行社,争取多方协助,同时按照旅行社的意见行事。

（4）记录总结,积累经验

旅游者提出的个别要求虽然五花八门,但总有一定的规律可循。导游人员应时刻注意归纳整理,提前打好"预防针",提高自己处理问题、解决问题的能力,提升自己的业务水平。

（二）旅游者个别要求的具体处理方法

餐饮、住房、游览、购物及娱乐,构成了旅游活动的主要内容,也是旅游者提出个别要求比较多的方面,尤其是在旅游旺季或"黄金周"等特殊阶段。因此,导游人员要做到预见在先,思考在前,灵活应对,妥善处理,严格按照旅游合同的约定履行职责。

1. 餐饮方面个别要求的处理

（1）特殊的餐饮要求

由于生活习惯、民族风俗、个人身体状况等原因,有些旅游者会在饮食方面提出特殊要求,如不吃荤、不吃海鲜、不吃油炸或辛辣食品等。

处理方法：

①如所提要求在旅游合同中有规定,地接旅行社须早作安排,地陪导游在接团前应检查落实情况,不折不扣予以兑现。

②如所提要求是旅游者在抵达目的地后临时提出,导游人员应视具体情况而定。一般情况下,地陪导游可尽快与餐厅联系,尽可能予以满足;若满足确有困难,地陪导游可协助其自行解决,并在以后的用餐中提前告知餐厅落实。

（2）要求换餐

个别旅游者由于身体不适、饮食习惯不同等原因,要求将中餐改为西餐、便餐改为风味餐或提出变更用餐规格、档次等。

处理方法：

①若在用餐前3小时提出换餐要求,导游人员可联系餐厅,尽量满足其要求;经努力仍无法解决时,导游人员应向旅游者耐心解释,说明原因,取得谅解;向旅游者说明凡因换餐或更换餐厅产生的费用,应由旅游者自理、现付。

②若接近用餐时旅游者提出换餐要求,导游人员一般不应接受,但要做好解释工作;如旅游者执意坚持换餐,导游人员可建议他们自行点菜,费用自理。

（3）要求单独用餐

由于个人饮食习惯或与团内其他旅游者产生矛盾等原因,个别旅游者临时提出单独用餐的要求。

①导游人员应耐心劝说，可请领队或全陪出面协调，但不要介入团内矛盾。

②如劝说无效，旅游者坚持单独用餐，导游人员可协助其与餐厅联系，帮助落实，但应说明餐费由旅游者自理、现付，原餐费不退。

（4）要求品尝风味餐

①属全团性的共同要求，导游人员应予以协助落实安排。可由旅行社出面，也可由游客自行与有关餐厅联系。

②属个别旅游者要求的，导游人员可协助联络餐馆，但要注意所安排餐馆的卫生状况和安全条件。告知旅游者风味餐的费用由其自理、现付，原餐费不退。若餐厅不提供过时服务，最好按时就餐。

（5）要求在客房内用餐

①若客人生病，主动将饭菜端入房间，以示关怀。

②健康的客人希望在客房用餐，应视情况而定。餐厅能提供服务的，可满足游客要求，但必须告知服务费标准。

（6）要求不随团用餐

①尽量劝说旅游者随团用餐。

②如因旅游者的身体等情况不能随团用餐，可以满足其要求，但应告知其餐费不退。

2. 游客在住房方面个别要求的处理

（1）要求调换房间

旅游者要求调换宾馆，往往由以下几种原因造成：一是旅游者认为地接社实际安排的宾馆与合同不符，标准低于合同约定或条件有差异；二是认为宾馆远离市区，出入不便；三是宾馆周边环境较差，不符合旅游者的期望；等等。

导游人员应认真倾听旅游者的要求，并根据旅游合同的约定准确判断其要求的合理性。如属旅游团共同要求，且所住宾馆确与合同不符的，导游人员应报请旅行社予以调整。

①若客房设施破损或卫生不达标，地接应联系酒店更换破损设施，进行卫生的清理和室内物品消毒。若因房间有蟑螂、老鼠等，游客提出更换房间，地接应满足其要求。

②若游客对房间楼层、朝向等不满意要求换房，地接应先请领队调整，若调整不成，且酒店有空房，则可满足其要求；若无法满足游客要求时，则要耐心解释，并向游客致歉。

③若游客要求住高于合同标准的房间，地陪可以直接联系酒店，若有空房则可满足其要求并提前讲清更换房间的差价问题；若无空房，则应向游客耐心解释。也可和游客商量，联系同等标准的其他酒店，但原订酒店的退房损失费和该酒店的房费差价应由游客

承担。

（2）要求换住单间

若是与同住旅游者在生活习惯或性格脾气上有较大差异所致，导游人员可请领队或全陪帮助其在内部进行调整。若调整不成，而宾馆有空房时，可满足旅游者的要求，但需告知游客房间费用须自理，谁提出住单间谁付房费。

（3）要求延长住宿时间

游客提出延长住宿时间，地接应联系酒店，如有空房则可满足其要求，延长住宿的费用自理。若本酒店无空房，则应联系其他酒店，需告知游客，房费自理。

（4）要求调换饭店

若是存在卫生、安全等问题而导致游客提出调换饭店，地陪应随时与接待社联系，接待社予以调换；如有困难，按照具体的办法妥善解决，并向游客阐述有说服力的理由，提出补偿条件。

（5）要求购买房中物品

导游人员应积极协助，与饭店有关部门联系，满足游客的要求。

3. 游览方面个别要求的处理

（1）要求更改行程或交通工具

①导游人员应礼貌婉拒，耐心说服。旅游行程是由旅行社与旅游者共同商定后确定的，旅游活动应按照合同约定进行，况且通常相关机/车票已经提前购买，一般无法更改。

②请示旅行社，按旅行社的意见处理。

（2）要求亲友随团活动

①导游人员要首先征得领队或全陪以及旅游团其他成员的同意，同时看旅游车中是否有空座。

②如领队、全陪或旅游团其他成员不同意，则导游人员应婉拒其要求。

③如无不同意见，导游人员应报告旅行社，在各方都同意的情况下，导游人员可为其办理入团手续，同时还要与宾馆、餐厅等接待部门联系，增加相应的房间和餐位等，做好费用的处理。

（3）要求离团自由活动

①导游人员应问清游客离团自由活动的原因，尽量劝其随团活动。

②若旅游者执意要求自由活动，导游人员应告知领队或全陪，并对其做出相应的安全提示。

③将当天活动日程及时间安排、下榻宾馆名称、地址告知旅游者；将自己的手机号

告诉旅游者，同时记清旅游者的手机号以便行程结束后与其联系。

④需劝阻旅游者自由活动的几种情况：旅游团即将离开本地；地方治安不理想；旅游者想去的场所复杂、混乱；旅游者想去的地方属不对外开放地区等。

4.娱乐方面个别要求的处理

（1）要求更换计划内的文娱活动

①向旅游者讲明演出门票已购买无法退票等情况，必要时可请领队或全陪协助做说服工作。

②如旅游者坚持自己的要求，导游人员在对其做出相应安全提示的前提下，向旅游者讲清其想去场所的地点、交通状况等，并告知领队或全陪。

③告知游客已订票款不退，由于变更所产生的新的票款、交通费用等由旅游者自理。

④一般情况下，导游人员不陪同前往。

（2）要求增加计划外的文娱活动

①如属全团性的共同要求，导游人员应请示旅行社同意，由计调或导游人员联系落实相关门票，费用由旅游者自理、现付。

②如是个别旅游者的要求，应视日程安排和场所情况而定。如能满足要求，导游人员在对其做出相应安全提示的基础上，可协助其购买门票，告知其可选择的交通方式、场所地址、演出时间等内容，并告知领队或全陪。所产生的费用由旅游者自理、现付。

③如旅游者的要求无法满足，导游人员也应耐心做好解释工作。

（3）要求前往不健康的娱乐场所

导游人员应明确拒绝。决不介绍或陪同旅游者前往此类场所，并对其说明我国相关法律法规。

第二节　导游人员带团技能

一、导游人员带团的特点与原则

导游人员带团技能是指导游人员运用、掌握的知识和经验为旅游者提供服务的方式和能力。导游带团技能并没有固定的模式，它随旅游者的层次、喜好、参观游览的时空条件以及导游人员本身条件的不同而有所差异。

导游工作是一门艺术，表现在导游方法的多样性、灵活性和创新性，这是由导游服务工作的复杂性、特殊性和广泛性决定的。具体而言，导游服务过程就是导游人员以自然美景与社会生活为题材，以层次不同、审美情趣各异的旅游者为对象，对各类知识进行加工、提炼、总结和再创造的过程。概括来讲，知识是导游的基础，这种知识必须是有根据的、经过选择的，而且能很好地表达出来。但是，仅有知识还不够。一个好的导游必须有活泼愉快的气质，并能引起旅游团的热情和信心。但是个人的性格和气质好还不够，对一个成功的导游来说，比知识和性格更为重要的是导游技能高超，处理事务能力强，专业工作精通，为他们的雇主和旅游者所欣赏。当然这样的技能仅在课堂上是学不到的，而当今导游又很需要这样的技能。只有在实践中，才能学会和提高这种技能。导游服务技能的范围很广，包括人际交往技能、组织协调技能、导游讲解技能、安全保卫技能等。总之，凡是在导游活动过程中能为旅游者提供服务，使旅游活动安全、顺利进行的技能，导游人员都应进行学习和掌握。

（一）导游人员带团的特点

1. 环境的流动性

导游人员的工作环境不是静止和固定的，会随着游客的不同和业务的需要而不断改变。旅游景区、宾馆饭店、机场车站、旅游商店、娱乐场馆都是导游人员工作的地方。

2. 需求与个性差异

需求与个性的差异性是指不同旅游团以及同一旅游团内游客在旅游需求和个性上存在不同的特点，他要求导游在带团中应深入了解旅游团中不同游客的不同需求和不同个性，以便有针对性地提供个性化服务。

3. 服务的主动性

导游人员是旅游团队的主导者和中心人物。在带团过程中，导游人员负有组织游客、联络协调、传播文化的职能，无论是哪个环节的工作，都需要导游人员动脑筋，想办法积极主动地为游客提供服务。

（二）导游人员带团工作的基本原则

1. 旅游者至上原则

导游人员在带团过程中，要有强烈的责任感和使命感，在任何情况下均应严格遵守导游职业道德，将维护旅游者的合法权益放在首位。

2. 履行合同原则

导游人员的带团工作要以履行合同为基础。能否认真履行旅游合同，是评价导游人员带团工作是否称职的基本尺度。

3. 公平对待原则

尊重他人是人际交往的基本准则。不论旅游者来自何方、说何种语言、为何种肤色、信仰及消费水平如何，导游人员都应一视同仁、公平对待。不应对某一些人特别偏爱，或对某一些人特别冷漠，从而使团队气氛紧张，影响到导游服务的正常进行。

4. 服务至上原则

服务至上是导游人员职业道德中的一项最基本的道德规范，也是导游人员在工作中处理问题的出发点。

二、导游人员的主导地位和形象塑造

（一）确立在旅游团的主导地位

导游人员在带团过程中应该尽快确立自己在旅游团中的主导地位，这是带好一个旅游团的关键，导游人员只有确立了主导地位并取得了游客的信任才能具有凝聚力、影响力和调控力，才能真正带好一个旅游团。

1. 以诚待人热情服务

导游人员应尽快与游客建立良好的人际关系才能顺利地开展工作。真诚对待游客是建立良好人际关系的感情基础，心诚则灵，有诚意才可靠。只有导游人员的真诚和热情被游客认可，导游才能赢得游客的好感与信赖。

真诚和热情有时还可以弥补导游工作中的某些不足，当游客认定导游人员是真心维护他们的利益时，即使遇到了问题，他们也会持合作的态度。

2. 换位思考宽以待人

由于客观存在的物质条件、生活水平的差距，往往游客在客源地很容易办到的事情到目的地却很难办到，甚至成了"苛求"。如果导游人员能站在游客的角度，对游客提出的种种要求平心静气地对待，努力寻找其中的合理成分，尽力使游客的要求得到满足，即使是苛求也一定能妥善地加以处理。

3. 树立威信善于"驾驭"

导游人员要确立自己在旅游团中的威信，主导游客的情绪和意向，努力使游客的行为趋于一致，使一个临时组成的松散的游客群体成为井然有序的旅游团队。

（二）树立良好的导游形象

树立良好形象是指导游人员要在游客心目中确定可信赖、可帮助他们和有能力带领他们安全顺利地在旅游目的地进行旅游活动的形象。

1. 重视第一印象

在人际交往中给人留下第一印象是至关重要的。导游人员良好形象的塑造首先在于给游客留下良好的第一印象，使游客形成心理定式，在不知不觉中成为游客日后判断导游人员的重要依据。既要注意外在形象，又要注意态度对游客心理的影响，还要通过周密的安排、细致的服务和高效率的工作给游客留下良好的第一印象。

2. 维护良好形象

良好的第一印象只是体现在导游人员接团这一环节，而维护形象则贯穿于导游服务的全过程，因此维护形象比树立形象往往更艰巨、更重要。导游人员在游客面前要始终表现出豁达自信、坦诚乐观、沉着果断、办事利落、知识渊博、技能娴熟等特质，用使游客满意的行为来加深、巩固良好的形象。

三、导游人员提供心理服务的技巧

心理服务亦称情绪化服务，是导游人员为调节游客在旅游过程中的心理状态所提供的服务。

（一）了解游客心理

导游人员要有效地向游客提供心理服务，首先必须了解游客的心理。

1. 从人口统计特征了解游客

（1）区域和国籍

东方人和西方人在性格上和思维上有较明显的差异。东方人较含蓄、内向，往往委婉地表达意愿，其思维方式一般是从大到小、从远到近、从抽象到具体。西方人较开放、感情外露，喜欢直截了当地表明观点，其思维方式一般由小到大、由近及远，由具体到抽象。

（2）所属社会阶层

来自上层社会的游客大多严谨持重，发表意见时往往经过深思熟虑，他们期待得到高品位的导游讲解，以获得高雅的精神享受；一般游客则喜欢不拘形式的交谈，话题广泛，比较关心带有普遍性的社会问题以及当时的热门话题。

（3）年龄和性别

年老的游客好思古旧，对游览名胜古迹、会见亲朋老友有较大的兴趣，他们希望得到尊重，希望导游人员多与他们交谈；年轻的游客朋友好追新猎奇，喜欢多动多看，对热门社会问题有浓厚的兴趣；女性游客则喜欢谈论商品及购物，喜欢听带故事情节的导游讲解。

2. 从分析地理环境来了解游客

游客由于自身所处的地理环境不同，对于同一类旅游产品会有不同的需要与偏好，他们对那些与自己所处地理环境迥然不同的旅游目的地往往情有独钟。

3. 从参团和出游动机了解游客

人们参加旅游团的心理动机一般包括以下几点。

（1）省心，不用做决定；

（2）节省时间和金钱；

（3）有伴侣、有团友；

（4）有安全感；

（5）能正确了解所看到的景物。

从旅游的角度看，游客的旅游动机则可分为：观赏风景名胜、探求文化差异、寻求文化交融的文化动机；考察国情民风、体验异域生活、探亲访友寻根的社会动机；考察投资环境、进行商务洽谈、购买旅游商品的经济动机；休闲度假、康体健身、消遣娱乐的身心动机。

4. 从不同的个性特征了解游客

游客的个性各不相同，导游人员从游客的言谈举止可以判断其个性，从而达到了解游客并适时为其提供心理服务的目的。

（1）活泼型游客

爱交际，喜讲话，好出点子，乐于助人，喜欢多变的游览项目。对这类游客，导游人员要扬长避短，既要乐于与他们交朋友，又要避免与他们过多交往，以免引起其他游客的不满；要多征求他们的意见和建议，但注意不要让其左右旅游活动，打乱正常的活动日程；适当地请他们帮助活跃气氛，协助照顾年老体弱者等。活泼型游客往往能影响旅游团的其他人，导游人员应与之搞好关系，在适当的场合表扬他们协助导游所做的工作，并表示感谢。

（2）急躁型游客

性急，好动，争强好胜，易冲动，好遗忘，情绪不稳定，比较喜欢离群活动。对这类比较难对付的游客，导游人员要避其锋芒，不与他们争论，不激怒他们；在他们冲动时不要与之计较，待他们冷静后再与其好好商量，这样往往能取得良好的效果；对他们要多微笑，服务要热情周到，而且要多关心他们，随时注意他们的安全。

（3）稳重型游客

稳重，不轻易发表见解，一旦发表，希望得到他人的尊重。这类游客容易交往，但他们不主动与人交往，不愿麻烦他人；游览时他们喜欢细细欣赏，购物时爱挑选比较。导游人员要尊重这类游客，不要怠慢，更不能故意冷淡他们；要主动多接近他们，尽量满足他们的合理而可能的要求；与他们交谈要客气、诚恳，速度要慢，声调要低；讨论问题时要平心静气，认真对待他们的意见和建议。

（4）忧郁型游客

身体弱，易失眠，由于孤独，少言语但重感情。面对这类游客，导游人员要格外小心，别多问，尊重他们的隐私；要多亲近他们、多关心体贴他们，但不能过分表示亲热；多主动与他们交谈些愉快的话题，但不要与之高声说笑，更不要与他们开玩笑。

这四种个性的游客中以活泼型和稳重型居多，急躁型和忧郁型只是少数。不过，典型个性只能反映在少数游客身上，多数游客往往兼有其他类型个性的特征。而且，在特定的环境下，人的个性往往会发生变化。因此，导游人员在向游客提供服务时要因人而异，要随时观察游客的情绪变化，及时调整，力争使导游服务更具针对性，获得令游客满意的效果。

5. 从分析心理变化了解游客

游客来到异国他乡，由于生活环境和生活节奏的变化，在旅游的不同阶段其心理活动也会随之变化。

（1）旅游初期阶段游客求安全心理和求新心理为主导

游客刚到目的地，较为兴奋激动，但人生地疏、语言不通，往往容易产生孤独感、茫然感和不安全感，唯恐发生不测致危及财产甚至生命。也就是说在旅游初期阶段游客求安全的心态表现得非常突出，因此，消除游客的不安全感成为导游人员的首要任务。

（2）旅游中期阶段游客表现为懒散心态、求全心理和群体心理

随着时间的推移、旅游活动的开展以及相互接触的增多，旅游团成员之间、游客与导游之间越来越熟悉，游客开始感到轻松愉快，会产生一种平缓、轻松的心态。但是，正由于这种心态的影响，游客往往忘记控制自己而自行其是，甚至出现一些反常言行及放肆、傲慢、无理的行为。

导游人员在旅游中期阶段的工作最为艰巨，也最容易出差错。因此，导游人员的精力必须高度集中，对任何事都不能掉以轻心。这个阶段也是对导游人员组织能力和独立处理问题能力的实战检验，是对其导游技能和心理素质的全面检阅，所以每个导游人员都应十分重视这个阶段的工作。

（3）旅游后期阶段游客主要忙于个人事务

旅游活动后期，即将返程时，游客的心理波动较大，开始忙乱起来。譬如，与家庭及亲友联系突然增多，想购买称心如意的纪念品但又怕行李超重等。

（二）调整游客情绪

游客在旅游过程中，会随着自己的需要是否得到满足而产生不同的情感体验，如果他们的需要得到满足，就会产生愉快、满意、欢喜等肯定的积极的情绪；反之则会产生烦恼、不满、懊恼甚至愤怒等否定的、消极的情绪。

1. 补偿法

补偿法，是指导游人员从物质上、精神上给游客补偿，从而消除或弱化游客不满情绪的一种方法。

2. 分析法

分析法，是指导游人员将造成游客消极情绪的原委向游客讲清楚并一分为二地分析事物的两面性及其与游客的得失关系的一种方法。

3. 转移注意法

转移注意法，是指在游客产生烦闷或不快情绪时，导游人员有意识地转移游客的注意力，使其从不愉快、不顺心的事情转移到愉快顺心的事情上。

（三）激发游客的游兴

兴趣是人们力求认识某种事物或某种活动的倾向，这种倾向一经产生，就会出现积极主动、专注投入、聚精会神等心理状态，形成良好的游览环境。导游服务要取得良好的效果，需要导游人员在游览过程中激发游客的游兴，使游客自始至终沉浸在兴奋、愉悦的氛围之中。导游人员可以从以下几方面激发游客的游兴。

1. 通过直观形象激发游客的游兴

导游人员应通过突出游览对象本身的直观形象来激发游客的游兴。

譬如，九寨沟所有的瀑布都是从密林里狂奔而出，其中诺日朗瀑布宽度居全国之冠，它在高高的翠岩上急泻倾挂，似巨幅画帘凌空飞落，雄浑壮丽。跌落之水激溅起无数小水珠，化作迷茫的水雾。导游人员要引导游客从最佳的角度观赏，才能突出诺日朗瀑布的直观形象，使游客产生叹为观止的观感，激起游客强烈的兴趣。

2. 通过语言艺术激发游客游兴

导游人员运用语言艺术可以调动游客的情绪，激发游客的游兴。

譬如，通过讲解历史故事可激发游客对名胜古迹和民间艺术的探索，通过朗诵名诗佳句可激起游客漫游名山大川的豪情，通过提出生动有趣的问题引起游客的思考和探讨。这样营造出的融洽、愉快的氛围可使游客的游兴更加浓烈。

3. 通过组织文娱活动激发游客游兴

一次成功的旅游活动，仅有导游讲解是远远不够的，导游人员还应抓住时机，组织丰富多彩的文娱活动，动员全团游客共同营造愉快氛围。

例如，在旅游活动开始不久，导游人员请游客们做自我介绍，以加速彼此之间的了解，同时还可以发现游客的特长，如所去景点的路途较远，导游人员可在途中组织游客唱歌、猜谜语、做游戏，教外国游客数数、学说中国话等。如果团内有多才多艺的游客，可请他出来主持或表演等。导游人员也应有一两手"绝活"，来回报游客的盛情邀请。如有的导游人员会演奏民族乐器，常带着唢呐、笛子上团；有的导游人员会唱山歌，常在途中为游客即兴演唱，使外国游客惊叹不已，对中国民间艺术兴趣倍增。

4. 通过声像导游激发游客游兴

声像导游是导游服务重要的辅助手段之一，每天去景点游览之前，导游人员如能先为游客放映一些内容相关的幻灯片、录像或光盘，往往能收到事半功倍的效果。有时有些景点因受客观条件限制或因游客体力不支，游客难以看到景点的全貌，留下不少的缺憾，通过声像导游可以弥补这一缺憾，给游客留下完整的、美好的印象。如果是在旅游车上进行导游讲解，导游人员还可利用车上的音响设备配上适当的音乐，或在讲解间歇时播放一些有着浓郁地方特色的歌曲、乐曲、戏曲等，使车厢内的气氛轻松愉快，让游客始终保持游兴和兴奋、愉悦的心情。

（四）把握心理服务的要领

1. 尊重游客

尊重人是人际关系中的一项基本准则。尊重游客，就是要尊重游客的人格和愿望。游客对于能否在旅游目的地受到尊重非常敏感。他们希望在同旅游目的地的人们的交往中，人格得到尊重，意见和建议得到尊重；希望在精神上能得到在本国、本地区所得不到的满足；希望要求得到重视，生活得到关心和帮助。游客希望得到尊重是正常的、合理的，也是起码的要求。导游人员必须明白，只有当游客生活在热情友好的气氛中，自我尊重的需求得到满足时，为他提供的各种服务才有可能发挥作用。

扬他人之长，隐其之短，是尊重人的一种重要做法。在旅游活动时，导游人员要妥善安排让游客进行参与性活动，使其获得自我成就感，增强自豪感，从而在心理上获得最大的满足。

2. 微笑服务

微笑是自信的象征，是友谊的表示，是和睦相处、合作愉快的反映；微笑还是一种无声的语言，有强化有声语言、沟通情感的功能，还有助于增强交际效果。在旅游服务中，微笑具有特别的魅力。

（五）分析游客的审美感受

将审美感受分为悦耳悦目、悦心悦意、悦志悦神三个层次。

1. 悦耳悦目

悦耳悦目，是指审美主体以耳、目为主的全部审美感官所体验的愉快感受，这种美感通常以直觉为特征，仿佛主体在与审美对象的直接交融中，不假思索便可于瞬间感受到审美对象的美，同时唤起感官的满足和愉悦。

譬如，漫步于江苏西山国家森林公园之中，当游客看到以绿色为主的自然色调，呼吸到富含负氧离子的清新空气，嗅到沁人心脾的花香，听到林间百鸟鸣唱，就会不自觉地陶醉其中，从而进入"悦耳悦目"的审美境界。

2. 悦心悦意

悦心悦意，是指审美主体透过眼前或耳边具有审美价值的感性形象，在无目的中直观地领悟到对方某些较为深刻的意蕴，获得审美享受和情感升华，这种美感是一种意会，有时很难用语言加以充分而准确的表述。

譬如，观赏齐白石的画，游客感到的不只是草木鱼虾，而是一种悠然自得、鲜活洒脱的情思意趣；泛舟神农溪，聆听土家族姑娘优美动人的歌声，游客感到的不只是音响、节奏与旋律的形式美，还有一种饱含着甜蜜和深情的爱情信息流或充满青春美的心声。这些较高层次的审美感受，使游客的情感升华到一种欢快愉悦的状态，进入了较高的艺术境界。

3. 悦志悦神

悦志悦神，是指审美主体在观照审美对象时。经由感知、想象、情感从而唤起的那种精神意志上的昂奋和伦理道德上的超越感，它是审美感受的最高层次，体现了审美主体大彻大悟、从小我进入大我的超越感，体现了审美主体和审美对象的高度和谐统一。

譬如，乘船游览长江、黄河，会唤起游客的怀古之情，使游客产生深沉的历史感；登上坛子岭俯视三峡大坝的全貌，会使游客产生强烈的民族自豪感。

导游人员应根据游客的个性特征，分析他们的审美感受，有针对性地进行导游讲解，使具有不同美感层次的游客都能获得审美愉悦和精神享受。

（六）激发游客的想象思维

观景赏美是客观风光环境和主观情感合一的过程。人们在观景赏美时离不开丰富自由的想象，譬如泰山登山路旁的一块摩崖刻石上面刻的两个字，如果没有想象，我们很难体会隐于其中的"风月无边"的意境。人的审美活动是以审美对象为依据，经过积极的思维活动，调动已有的知识和经验，进行美的再创造的过程。一些旅游景观，尤其是人文景观的导游讲解，需要导游人员制造意境，进行美的再创造，才能激起游客的游兴。

譬如，游览西安宇坡遗址，导游人员面对那些打磨的石器、造型粗糙的陶器，只是向游客平平淡淡地介绍这是什么、那是什么，游客就会感到枯燥乏味。如果导游人员在讲解中制造出一种意境,为游客勾画出一幅半坡先民们集体劳动、共同生活的场景:"在6000年前的黄河流域,就在我们脚下的这片土地上,妇女们在田野上从事农业生产,男人们在丛林中狩猎、在河流中捕鱼,老人和孩子们在采摘野果。太阳落山了,村民们聚集在熊熊燃烧的篝火旁童叟无欺、公平合理地分配着辛勤劳动的成果,欢声笑语此起彼伏……半坡先民们就是这样依靠集体的力量向大自然索取衣食,用辛勤艰苦的劳动创造了光辉灿烂的新石器文化。"游客们就会产生浓厚的兴趣,时而屏息细听,时而凝神遐想,游客的想象思维被充分激发起来,导游境界也得到了升华。

(七)灵活掌握观景赏美的方法

1. 动态观赏和静态观赏

无论是山水风光还是古建园林,任何风景都不是单一的、孤立的、不变的画面形象,而是活泼的、生动的、多变的、连续的整体。游客漫步于景物之中,步移景异,从而获得空间进程的流动美,这就是动态观赏。

譬如,在浙江的千岛湖中泛舟,游人既可欣赏山上树木葱茏、百花竞艳,也可领略水上浮光跃金、沙鸥翔集,还有镶嵌在绿波之上的1000多个岛屿,灿灿地撩着你的思绪,楚楚地勾你的魂魄,让你在移动中流连忘返。

然而,在某一特定空间,观赏者停留片刻,选择最佳位置驻足观赏来欣赏美、体验美感,这就是静态观赏。这种观赏形式较长,感受较深,人们可获得特殊的美的享受。

譬如,在湖北九宫山顶观赏云雾缭绕的云中湖,欣赏九宫十景之一"云湖夕照",让人遐想,令人陶醉。

2. 观赏距离和观赏角度

距离和角度是两个不可或缺的观景赏美因素。自然美景千姿百态,变幻无穷,一些似人似物的奇峰巧石,只有从一定的空间距离和特定的角度去看,才能领略其风姿。

譬如,游客在长江游轮上观赏长江三峡神女峰,远远望去,朦胧中看到的是一尊丰姿秀逸、亭亭玉立的中国美女雕像,然而若借助望远镜观赏,游客定会大失所望,因为看到的只是一堆石头而已,毫无美感可言。

又如,在黄山半山寺望天都峰山腰,有堆巧石状似公鸡,头朝天门,振翅欲啼,人称"金鸡叫天门",但到了龙蟠坡,观看同一堆石头,看到的则似五位老翁在携杖登险峰,构成了"五老上天都"的美景。

这些都是由于空间距离和观赏角度不同造就的不同景观。导游人员带团游览时要善于引导游客从最佳距离、最佳角度去观赏风景,使其获得美感。

除空间距离外,游客观景赏美还应把握心理距离。心理距离是指人与物之间暂时建立的一种相对超然的审美关系。在审美过程中，游客只有真正从心理上超脱于日常生活中功利的、伦理的、社会的考虑，摆脱私心杂念，超然物外，才能真正获得审美的愉悦，否则就不可能获得美感。

譬如，恐海者不可能领略大海的波澜壮阔，刚失去亲人的游客欣赏不了地下宫殿的宏伟等。常年生活在风景名胜中的人往往对周围的美景熟视无睹不一定能获得观景带来的愉悦，"不识庐山真面目，只缘身在此山中"就说明了这个道理。

3. 观赏时机和观赏节奏

观赏美景要掌握好时机，即掌握好季节、时间和气象的变化，清明踏青、重阳登高、春看兰花、秋赏红叶、冬观蜡梅等都是自然万物的时令变化规律造成的观景赏美活动。

变幻莫测的气候景观是欣赏自然美景的一个重要内容。譬如在泰山之巅观日出，在峨眉山顶看佛光，在庐山小天池欣赏瀑布云，在蓬莱阁观赏海市蜃楼，这些都是因时间的流逝、光照的转换形成的美景，而观赏这些自然美景，就必须把握住稍纵即逝的观赏时机。

观景赏美是为了让游客愉悦身心、获得享受，如果观赏速度太快，不仅使游客精疲力尽达不到观赏目的，还会损害他们的身心健康，甚至会影响旅游活动的顺利进行，因此导游人员要注意调节观赏节奏。

总之，在旅游过程中，导游人员应力争使观赏节奏适合游客的生理负荷、心理动态和审美情趣，安排好行程，组织好审美活动，让游客感到既顺其自然又轻松自如。只有这样，游客才能获得旅游的乐趣和美的享受。

四、导游人员组织和协调的技巧

旅游团是一个特殊的群体，游客参团旅游的动机各异，兴趣爱好各不相同，所以导游人员应该具备良好的组织协调能力，合理安排旅游团的各项旅游活动。

导游工作是联系各项旅游服务的纽带和桥梁。导游人员在带团时离不开其他相关旅游服务部门和工作人员的协作，同时也能够帮助其他相关旅游服务部门和人员的工作。导游工作与其他旅游服务工作相辅相成的关系决定了导游人员必须掌握一定的协作技能。

（一）旅游活动的组织安排技巧

1. 灵活搭配活动内容

灵活机动的安排游览活动是导游人员组织协调能力的重要体现，导游界有句话"有张有弛，先张后弛"，这就说明导游人员在带团过程中应该掌握游览活动的节奏，遵循"旅速游缓""先远后近""先高后低"的原则，只有这样才能带好旅游团。

导游人员是组织游览活动的核心人员，在内容和节奏上是否搭配得当会直接影响游客的情绪和心理。导游人员搭配活动内容时，首先应注意游览景点安排，要避免雷同，这是因为游客在旅游活动中需求内容是不断变化的；其次游览要与购物娱乐相结合，只有游览与购物娱乐相结合好才可以满足游客的多样化需求。

2. 科学安排游客饮食

游客在旅游活动中的饮食非常重要，只有吃得饱，才有精力去旅游；只有吃得好，才能游得好；只有吃得干净、吃得卫生才能游得愉快、游得顺利，但是出门在外不同往日在家里，导游人员在安排饮食时要提醒游客特别注意以下几点。

（1）不要过多地在旅游期间改变平日饮食习惯，坚持饮食荤素搭配，注意多吃水果，以利消化。

（2）注意饮食卫生，一定要吃得干净，防止病从口入。

（3）注意饮食平衡，吃饭不可饥一顿饱一顿。多饮水，保持体内水分。

（4）防止偏食，特别注意少吃大鱼大肉，防止消化不良。

（5）各地名吃一定要品，但要注意量不可大，注意自己的消化能力。

（6）不要勉强自己吃不喜欢吃的东西，虽然有人主张舍命吃名品，但有些从样式原料上就有自己一向忌口的食品不可勉强去吃。

（7）各地都有风味小吃，特别是特产，瓜果、生猛海鲜等这些当地人吃得津津有味的东西游客并不一定能享受，因为确实存在水土不服的问题，应提醒游客特别注意。

3. 尽快安排游客入住

旅游团抵达下榻的饭店后，导游人员要尽快安排游客入住，其主要技巧有以下几方面。

（1）要安排好游客。在大厅找椅子让游客坐下休息，顺手拿些饭店的景点介绍，让游客看看，游客有了可看之物引起兴趣，就不会因干等而着急了。

（2）在游客休息时领队同当地地陪一起将早已填好的住房名单（准备工作极为重要）交给前台服务员，前台服务员一看，表格早已清晰地打印好了，自然愿意优先办理，所以便能很快地拿到住房卡和钥匙。

（3）拿到房卡后立即走到大家休息的地方，将房卡一一发给大家，同时请地陪帮忙将房号登记在游客名单上，然后将安顿好的名单交给前台，复印三份，一份留前台，一份给地陪，一份给自己。技巧的关键是想得周到，准备工作做得好，到时才不会忙乱。

（4）游客陆续进入房间时，领队和地陪要认真做好以下服务工作：一是教会游客使用房卡；二是帮助游客安排好行李使行李迅速入房；三是帮助游客看看房间是否已经打扫干净，有些饭店服务欠佳，尤其旅游旺季时常常出现差错。

4. 注意旅行服务技巧

导游人员带团乘坐任何交通工具时，按照国际惯例都要第一个下，最后一个上，这样便于照顾好游客，乘坐交通工具，安全第一，还要注意掌握一些必要的技巧。

（1）乘坐飞机的技巧

乘坐飞机时，导游人员一般应当最后上机，这样可以确保全团都顺利登上飞机，导游人员应尽量选择坐在游客中间靠走道的位置，以便在飞行时照料自己的游客。导游下飞机后应当抢先到达出口，因为只有导游人员才认识前来迎接的地陪。在整个乘机过程中，导游人员应特别注意以下几点。

①购票后要检查一下票面，防止出现乘机人姓名同音字错误，并了解乘机注意事项，一定要按时抵达机场等候。

②到机场办理登机手续，导游人员应请游客带好机票、身份证、登机牌，过安全检查后等候上机。

③上机后，如有晕机经历者可先吃片"乘晕宁"，在飞机上如有游客出现晕机反应时导游人员可用手压其合谷穴以减轻反应，若情况严重可以联系空乘人员。

④上机后，听从空乘人员安排，请游客仔细听空乘人员介绍安全知识。一般来讲，空乘人员都能热情服务，所以在飞机上有什么问题、要求，可以随时向空乘人员提出。

⑤到达时，听从空乘人员安排按顺序下机，提醒大家不要忘记取自己的行李，如果行李出现损坏现象，要及时到航空公司的办事处登记索赔。

（2）乘坐火车的技巧

火车是旅游重要的交通工具。乘坐火车旅游可欣赏途中景色，特别是田园风光，这是飞机难以做到的，所以乘坐火车很受游客欢迎。

乘坐火车时，导游人员要尽力把自己安排在位于游客中间的铺位或座位，要经常走动，关照每一位游客。在分配包房时，注意游客之间的关系。

尽量把一家人、夫妻、情侣分配在相邻的铺位或座位。选择乘火车时，导游人员要注意以下技巧。

①提前购票，最好买高铁、动车或旅游专列车票，虽然价格略贵一点，但车厢干净、服务规范，令人感到物有所值，导游人员要向游客说明此点以示技巧。

②购得火车票后，要检查票面，千万不要乘错车次。

③到车站后听广播和服务员召唤，千万不要误了车次。如遇排队，导游人员要领头靠前，请团长负责其后，以便前后照料。

④上车后找好铺位或座位，找不到时可请乘务员协助。

⑤上车后，要安排好车上生活，要经常活动一下身体，防止不适。

⑥注意车上广播，关照大家提前做好下车准备。一般下一站的导游人员，会在出站口迎接大家。请大家安心服从安排。

（二）导游人员的协作技巧

领队是受海外旅行社委派，全权代表其带领旅游团从事旅游活动的人员。在旅游团中，领队既是海外旅行社的代表，又是游客的代言人，还是导游服务集体中的一员，在海外社、组团社和接待社之间，以及游客和导游人员之间起着桥梁作用。导游人员能否圆满完成任务，在很大程度上要靠领队的合作和支持，因此，与领队搞好关系就成为导游人员不能忽视的重要内容。

1. 尊重领队，遇事与领队多磋商

带团到中国来旅游的领队，多数是职业领队，在海外旅行社任职多年并受过专业训练，对我国的情况尤其是我国旅游业的业内情况相当熟悉，他们服务周到、细致，十分注意维护组团社的信誉和游客的权益，深受游客的信赖。此类领队是中方旅行社长期合作的海外客户代表，也是旅游团中的"重点客人"，导游人员对他们一定要尊重。尊重领队就是遇事要与他们多磋商。旅游团抵达后，地陪要尽快与领队商定日程，如无原则问题应尽量考虑采纳领队的建议和要求。在遇到问题处理故障时，全陪、地陪更要与领队磋商，争取领队的理解和支持。

2. 关心领队，支持领队的工作

职业领队常年在异国他乡履行自己的使命，进行着重复性的工作，十分辛苦。由于领队的"特殊身份"，游客只会要求其如何关心自己而很少去主动关心领队。因此，导游人员如果在生活上对领队表示关心、在工作上给予领队支持，领队会很感动。当领队的工作不顺利或游客不理解时，导游人员应主动助其一臂之力，对能办到的事情尽量给予帮助，对办不到的事情多向游客做解释，为领队解围，如说明原因不在领队而是旅行社条件所限或是不可抗拒的原因造成的等。但要注意，支持领队的工作并不是取代领队，导游人员应把握好尺度。此外，作为旅游团中的"重点客人"，导游人员要适当给领队以照顾或提供方便，但应掌握分寸，不要引起游客的误会和心理上的不平衡。

3. 多给领队荣誉，调动领队的积极性

要想搞好与领队的关系，导游人员还要随时注意给领队面子，遇到一些显示权威的场合，应多让领队尤其是职业领队出头露面，使其博得游客的好评，如游览日程商定后，地陪应请领队向全团游客宣布。只要导游人员真诚地对待领队，多给领队荣誉，领队一般也会领悟到导游人员的良苦用心，从而采取合作的态度。

4. 灵活应变，掌握工作主动权

由于旅游团成员对领队工作的评价会直接影响到领队的得失进退，所以有的领队会为讨好游客而对导游人员的工作指手画脚，当着全团游客的面"抢话筒"，一再提"新主意"，给导游人员出难题，使其工作比较被动。遇到类似情况时，地陪应采取措施变被动为主动，对于"抢话筒"的领队，地陪既不能马上"反抢话筒"，也不能听之任之，而应灵活应变，选择适当的时机给予纠正，让游客感到"还是地陪讲得好"。这样，导游人员既表明了自己的态度又不失风范，工作上也更为主动了。

5. 争取游客支持，避免与领队发生正面冲突

在导游服务中，接待方导游人员与领队在某些问题上有分歧是正常现象。一旦出现此类情况，导游人员要主动与领队沟通，力求尽早消除误解，避免分歧扩大发展。一般情况下，导游人员要尽量避免与领队发生正面冲突。

在入境旅游团中也不乏工作不熟练、个性突出且难以合作的领队。对此，导游人员要沉着冷静、坚持原则、分清是非，对违反合同内容、不合理的要求不能迁就；对于领队某些带侮辱性的或"过火"的言辞不能置之不理，要根据"有理、有利、有节"的原则讲清道理，使其主动道歉，但要注意避免与领队发生正面冲突。

有时领队提出的做法行不通，导游人员无论怎样解释说明，领队仍固执地坚持己见。这时导游人员就要向全团游客讲明情况，争取大多数游客的理解和支持。但要注意，即使领队的意见被证明不对，导游人员也不能把领队"逼到绝路"，要设法给领队台阶下，以维护领队的自尊和威信，争取其以后的合作。

（三）导游人员与司机的协作

旅游车司机在旅游活动中是非常重要的角色，司机一般熟悉旅游线路和路况，经验丰富，导游人员与司机配合的好坏，是导游服务工作能否顺利进行的重要因素之一。导游人员与司机的协作主要包含以下几点。

1. 及时通报相关信息

①旅游线路有变化时，导游人员应提前告诉司机。

②如果接待的是外国游客，在旅游车到达景点时，导游人员用外语向游客宣布集合时间、地点后，要记住用中文告诉司机。

2. 协助司机做好安全行车工作

大部分旅游车的司机具有丰富的驾驶经验，可以胜任旅游团的安全驾驶任务。但有

些时候，导游人员适当给予协助能够减轻司机的工作压力，便于工作的更好开展。导游人员可经常性地为司机做一些小的事情包括：遇到险情，由司机保护车辆和游客，导游人员去求援。在行车途中不要与司机闲聊，影响驾驶安全。

3. 征求司机对日程的意见

导游人员应注意倾听司机的意见，从而使司机产生团队观和被信任感，积极参与导游服务工作，帮助导游人员顺利完成带团的工作任务。

（四）全陪与地陪的协作

无论是做全陪或地陪，都有一个与另一个地陪或全陪配合的问题。协作成功的关键便是各自应把握好自身的角色或位置，要有准确的个人定位。要认识到虽受不同的旅行社委派，但都是旅游服务的提供者，都在执行同一个协议。导游人员与全陪或地陪之间是平等的关系。

导游人员与全陪或地陪的协作主要体现在以下几点。

①要尊重全陪或地陪，努力与其建立良好的人际关系。

②要善于向全陪或地陪学习，有事多请教。

③要坚持原则，平等协商。

如果全陪或地陪"打个人小算盘"，提出改变活动日程、减少参观游览时间、增加购物等不正确的建议，导游人员应向其讲清道理，尽量说服并按计划执行，如果对方仍坚持己见、一意孤行，应采取必要的措施并及时向接待社反映。

（五）导游人员与相关单位的协作

旅游产品是一种组合性的整体产品，不仅包括沿线的旅游景点，还包括沿线提供的交通、食宿、购物、娱乐等各种旅游设施和服务，需要旅行社、酒店、景点和交通、购物、娱乐部门等旅游接待单位的高度协作。作为旅行社的代表，导游人员应搞好与旅游接待单位的协作。

1. 及时协调，衔接好各环节的工作

导游人员在服务过程中，要与酒店、车队、机场（车站、码头）、景点、商店等许多部门和单位打交道，其中任何一个接待单位或服务工作中的某一环节出现失误和差错，都可能导致"一着不慎，满盘皆输"的不良后果。导游人员在服务工作中要善于发现或预见各项旅游服务中可能出现的差错和失误，通过各种手段及时予以协调，使各个接待单位的供给正常、有序。譬如，旅游团活动日程变更涉及用餐、用房、用车时，地陪要及时通知相关的旅游接待单位并进行协调，以保证旅游团的食、住、行能有序地衔接。

2. 主动配合，争取协作单位的帮助

导游服务工作的特点之一是独立性强，导游人员一人在外独立带团，常常会有意外、紧急情况发生，仅靠导游人员一己之力，问题往往难以解决，因此导游人员要善于利用与各地旅游接待单位的协作关系，主动与协作单位有关人员配合，争取得到他们的帮助。例如，迎接散客时，为避免漏接，地陪可请司机站在另一个出口处举牌帮助迎接；又如，旅游团离站时，个别游客到达机场后发现自己的贵重物品遗留在酒店客房内，导游人员可请求酒店协助查找，找到后立即将物品送到机场。

第六章 导游相关知识

第一节 旅行社知识

一、旅行社的性质和主要业务

（一）旅行社的性质

旅行社是从事招徕、组织、接待游客等活动，为游客提供相关旅游服务，开展国内旅游业务、入境旅游业务或出境旅游业务的企业法人。该规定明确了旅行社具有下列性质。

1. 旅行社是以营利为目的的企业

旅行社通过向游客提供服务获取利润，旅行社是自主经营、自负盈亏的经济组织。在旅游经营中，旅行社多采取有限责任公司或股份有限公司的组织形式。

2. 旅行社是服务型的企业

旅行社的业务除了进行旅游产品设计和产品销售外，还组织和接待游客，并提供相关旅游服务，如为游客安排交通、住宿、餐饮、观光游览、休闲度假，提供导游、领队服务和旅游咨询服务。可见，服务性是旅行社的重要性质。

3. 旅行社是中介服务机构

旅行社为游客提供的旅游产品和服务，实际上是各旅游供应部门提供的，旅行社仅仅是组合各种旅游产品和服务的角色，并不是这些产品和服务的原始提供者，虽然有少数实力雄厚的旅行社在产业链上掌控了部分旅游服务的资源，但绝大部分旅游企业仍是在游客与服务供应部门间扮演中间人的角色。所以，旅行社在性质上还是中介服务机构。

（二）旅行社业务

旅行社的主要业务是从事旅游活动的经营，主要任务是为游客提供所需要的各种服务。下面是按照经营范围和业务流程对旅行社业务进行的分述。

1. 按照经营范围划分

（1）国内旅游业务

国内旅游业务是指旅行社招徕、组织和接待中国内地居民在境内的旅游业务，以及招徕、组织、接待在中国内地的外国人、香港特别行政区、澳门特别行政区和台湾地区居民在境内的旅游业务。

（2）入境旅游业务

入境旅游业务是指旅行社招徕、组织、接待外国游客来我国旅游，香港特别行政区、澳门特别行政区游客来内地旅游，台湾地区居民来大陆旅游。

（3）出境旅游业务

出境旅游业务是指旅行社招徕、组织、接待中国内地居民出国旅游，赴香港特别行政区、澳门特别行政区和台湾地区旅游，以及招徕、组织、接待在中国内地的外国人、在内地的香港特别行政区、澳门特别行政区居民和在大陆的台湾地区居民出境旅游的业务。

2. 按照业务流程划分

（1）产品开发与设计

旅行社产品设计是指在市场调研的基础上，根据旅游市场的需求，结合本旅行社的业务特点、经营实力，将旅游目的地的旅游资源与各种服务组合起来，设计出消费者喜爱的旅游产品。旅行社设计的产品是否合理，产品能否满足游客的需求，直接影响旅行社在市场上的竞争能力，最终影响到旅行社的生存与发展。

（2）委托代办业务

委托代办业务是旅行社最基本的业务，委托代办业务是指旅行社替游客代订各种票据及代行其他委托业务。自从旅行社问世以来，替游客代订机票及车船票、安排客房和其他委托业务就是其主要的业务活动和主要的收入来源。旅行社的委托代办业务，简化了游客分别到不同的旅游服务供应部门购买的烦琐事务，极大地方便了游客。

（3）旅游服务采购

旅游服务采购是旅行社为生产旅游产品而向有关旅游服务供给者订购所需要的有关服务，以保证产品的供给。由于旅行社除了能向游客提供导游服务和组织安排旅游活动外，游客所需要的其他服务如酒店住宿服务、餐饮服务、交通服务与参观游览点服务等均需这些部门和单位提供，因此需要向它们采购，与它们订立供应合同或协议，然后将这些服务组合成产品向游客销售。

（4）产品销售与促销

旅行社的销售业务，是旅行社通过各种销售渠道和促销手段将产品在市场上出售。

由于旅游产品无形性的特点，使得消费者在实际消费之前很难对其质量进行评价和鉴定。所以，旅行社的经营者只有加大对旅游产品的宣传力度与推销力度，通过各种传播媒体，将旅游产品的有关信息迅速传递给消费者，才能引起消费者对旅游产品的注意和兴趣，激发消费者的购买欲望，促使消费者下决心购买。旅行社只有把自己设计和生产的旅游产品销售给旅游消费者，才能获得所期望的经营利润，才能使旅行社生存和发展。

（5）旅游接待业务

旅游接待业务是旅行社经营活动中的重要业务。它是指旅行社对已经预购旅游产品的游客在其到达后所提供的服务，即为游客安排、落实在目的地游览期间的食、住、行、游、购、娱等消费活动以及其他事项。旅行社接待工作的质量是旅行社产品质量的重要组成部分，它将直接影响到游客对旅游活动产生满意或不满意的感受，从而可以影响游客的流向和流量，影响旅游地的兴衰，影响旅行社的声誉。所以，旅游接待在旅游活动中发挥着重要作用。

二、旅行社产品及其类型

（一）旅行社产品的内涵

旅行社产品是旅行社根据市场需求，通过采购景点、交通、住宿、餐饮、购物、娱乐等单项服务产品进行组合，向游客提供的旅游线路产品。它是旅行社从业人员经过市场调查、筛选、组织、创意策划、服务采购、广告设计等最终生产出来的。其间的食、住、行、游、购、娱等消费活动以及其他事项。

（二）旅行社产品类型

1. 按计价形式分类

（1）团体全包价旅游

团体全包价旅游是由 10 名及以上游客组成，采取一次性预付旅费的方式，有组织地按预定行程计划进行的旅游形式。旅行社根据与游客签订的协议提供饭店客房、一日三餐、旅游游览车、翻译导游服务、交通集散地接送服务、行李服务以及游览场所门票和文娱活动入场券等。

游客参加这样的旅游有以下几个优点：第一，可以享受比较优惠的价格；第二，旅游团内氛围和安全性好；第三，便捷省心。但是，随着信息社会的到来，人们对外部环境的了解有了质的变化，且越来越追求个性化的活动方式，传统一包到底的旅游方式显然已不能满足大多数消费者。

（2）半包价旅游

与全包价旅游相比，半包价旅游团队通常是在全包价的基础上扣除午、晚餐费用的一种包价形式，这种形式能更好地满足游客不同的用餐要求，同时能降低旅游产品的直观价格，从而提高产品的竞争能力。团体旅游和散客旅游均可采用半包价旅游形式。

（3）小包价旅游

小包价旅游又称选择性旅游，它由非选择部分和可选择部分组成。非选择部分包括交通集散地接送、城市间交通、住房和早餐，旅游费用由游客在旅游前预付；可选择部分包括导游、风味餐、节目欣赏和参观游览等，游客可根据时间、兴趣和经济情况自由选择，费用既可预付，也可现付。小包价旅游具有多方面的优势，主要表现在明码实价、经济实惠、手续简便和机动灵活等方面。

（4）零包价旅游

零包价旅游是一种独特产品形态，多见于旅游发达国家。参加这种旅游的游客必须随团前往和离开目的地，但在旅游目的地的活动是完全自由的，形同散客。参加零包价旅游的游客可以获得团体机票价格的优惠，并可由旅行社统一代办旅游签证。

（5）组合旅游

组合旅游产生于20世纪80年代，参加组合旅游的游客分别从不同的地方来到旅游目的地，由旅行社散客部将他们组成旅游团，按旅行社事先的安排进行旅游活动。

（6）单项服务

单项服务是旅行社根据游客的具体要求而提供的各种非综合性的有偿服务。单项服务又称委托代办业务，游客可采取当地委托、联程委托和国际委托等不同的方式交旅行社办理。其中常规性的服务项目主要包括导游服务、交通集散地的接送服务、代办交通票据和文娱票据、订房、订餐、代客联系参观游览项目、代办签证和代办旅游保险等。旅行社单项服务的对象主要限于散客。

2. 按旅行社服务方式分类

（1）预制旅游产品

它是由旅行社设计提供、事先指定的确定的计划人数、出发日期、线路行程及价格等，并用广告或其他方法招徕旅行者而实施的旅游产品。

（2）定制旅游产品

它是旅行社接受客户或游客的委托，根据客户或游客的需求，单独设计行程、报价并提供服务的专项产品及服务（包括单项旅游服务、会议旅游服务、奖励旅游服务、特种旅游服务等）。

三、旅行社等级的划分与评定

（一）旅行社等级的划分与依据

旅行社等级分为五级，由低到高依次为 A 级、AA 级、AAA 级、AAAA 级、AAAAA 级。各等级旅行社应满足等级评定的基本条件，并达到相应的分数要求。参加等级评定的旅行社须满足如下条件。

①依法设立、正式开展旅行社业务应不少于 2 年；

②两年内未发生严重安全责任事故；

③两年内发生安全事故按规定及时报告并积极配合救援和善后处理；

④两年内未受到罚款以上行政处罚；

⑤两年内有效投诉比例不高于行业平均水平；

⑥两年内未有连续六个月不开展旅行社业务。

旅行社等级评定的依据包括旅行社的经营条件、经营业绩、企业管理、服务能力、质量和安全保证、诚信建设与营销推广六个方面。评定时按照评分细则进行综合评价打分。

（二）各等级旅行社的评价指标

1. A 级旅行社

（1）经营条件

①固定资产应不少于 10 万元；

②应有固定经营场所，且经营场所自有或租赁期间不少于 1 年；

③在职人员总数应不少于 10 人；

④应加入旅游行业协会。

（2）经营业绩

①近两年应不间断开展旅行社业务；

②业务台账等资料应保存 2 年以上。

（3）企业管理

①应有专职财务人员；

②应与导游人员签订规范的劳动合同并建立合法的劳动关系。

（4）服务能力

①可向顾客提供咨询服务；

②可提供交通票务代理服务；

③可提供两种以上代理服务。

（5）质量和安全保障

①应建立顾客意见反馈制度，每年对游客进行服务质量调查；

②应有旅游投诉电话并予以公示；

③应使用主管部门推荐的旅游示范合同或内容符合国家有关规定的合同；

④应建立安全事项报告制度；

⑤应建立旅游突发事件应急预案并开展相关培训演练。

（6）诚信建设与营销推广

广告宣传应符合相关法律法规规定。

2.AA级旅行社

（1）经营条件

①固定资产应不少于20万元；

②经营场所自有或租赁期间应不少于3年；

③在职人员总数应不少于15人；

④宜成为旅游行业协会的理事单位。

（2）经营业绩

①近两年平均应收账款占收入总额和年均应付账款占营业成本总额均应不少于25%；

②近两年年均组接不少于5000人/天；

③近两年年均营业收入应不少于200万元；

④近两年年均实缴税金应不少于1万元。

（3）企业管理

①应有初级职称以上的专职财务人员；

②应建立基本健全的管理制度，包括人力资源管理、财务管理、直联与安全管理制度，部门及岗位分工明确；

③除门市部等服务网点外所有部门宜集中在同一营业场所；

④定期组织员工培训，新员工培训时间应不少于8小时，管理人员培训时间应不少于24小时，导游人员培训时间应不少于40小时；

⑤专职人员签约率应达到100%，且企业提供应承担的社会保障。

（4）服务能力

①可提供 10 条以上旅游线路产品；

②宜有门市部等服务网点；

③可接受委托从事代理招徕业务；

④应使用示范合同或符合规定的合同，旅游合同中线路、计划、价格明确，且无违反法律法规的内容，旅游合同填写规范，行程和景点、交通、住宿、餐饮、购物等项目具体明确。

（5）质量和安全保证

①应设有质量监督和投诉处理机构并配备专门人员；

②近两年应无较大安全责任事故和质量事件，未受到警告以上处罚；

③严格履行旅游合同和接待计划，不应擅自变更服务项目或更改行程安排，不应有欺骗或胁迫游客购物或购买另行付费项目的情形。

（6）诚信建设与营销推广

①宜有专门的营销经费，且每年不少于 5 万元；

②广告宣传应规范，内容真实，没有虚假、误导性用语；

③委托代理业务应注明被代理旅行社名称。

3.AAA 级旅行社

（1）经营条件

①固定资产应不少于 100 万元；

②经营场所面积（含非独立法人机构）应不少于 200 平方米，自有或租赁期间不少于 5 年；

③经营场所应证照齐全且按规定悬挂展示，宜统一装饰并使用统一形象标识，员工佩戴标牌，语言礼貌，举止文明；

④经营场所宜功能齐全且标识明显，桌椅、卫生、饮水等设施设备满足需要，经营场所整洁、明亮，物品放置有序；

⑤在职人员总数（含非独立法人机构）应不少于 100 人；

⑥宜成为旅游行业协会的常务理事单位。

（2）经营业绩

①近两年企业年均营业利润、年人均创利应不低于行业平均水平；

②近两年年均应收账款占收入总额和年均应付账款占营业成本总额均不少于 10%；

③近两年年均组接应不少于 10 万人/天；

④近两年年均营业收入应不少于1000万元；

⑤近两年年均实缴税金应不少于5万元。

（3）企业管理

①应按照"统一人事、统一财务、统一分配、统一经营服务规范"进行部门管理；

②应建立符合国家规定的完善的财务制度，无财务违规行为，财务报告应通过专业审核，按时完成经营和财务信息等统计资料报送，专职财务人员中应至少一人具有中级以上专业职称；

③宜制订年度总体发展计划、年度营销计划、年度营业收入计划和中长期发展战略；

④应有近两年客户档案并保存完整，宜进行客户定期回访且有回访记录；

⑤培训记录、宣传资料等内容较丰富、可操作性强，在职员工每年培训时间应不少于48小时；

⑥专职导游、领队人员占在职人员总数比例宜不低于15%；

⑦高级管理人员中，有3年以上从事旅行社及旅游企业工作经验的比例宜不低于40%，中层以上管理人员中具有大专以上学历的比例宜不低于75%或本科以上不低于50%；

⑧应全面有效地实行合同管理制度，劳动合同与社会保障齐全，劳资档案规范、保存完好，年均人员流失率宜不高于30%。

（4）服务能力

①销售的旅游线路宜不少于20条，近两年年均推出新产品数量宜不少于3条；

②应有5家以上服务网点，宜有分社或者委托招徕经营机构，网络或者营业时间电话咨询及应答率宜不低于80%；

③应有市场定位和明确的发展方针，有中长期产品研发规划和年度研发计划；

④应有企业标识和产品品牌标识（包括使用其他企业的），宜有一个以上的地市级知名商标；

⑤经营出入境业务的旅行社，应提供两种以上外语导游和领队服务；

⑥旅游接待计划应规范、详细，依据明确；

⑦出境旅游业务档案应保存至少3年，其他旅游业务档案应保存至少2年；

⑧自动化办公设备齐全，管理及业务岗位计算机普及率100%，宜安装使用旅行社团队管理服务系统等信息化的管理和服务系统，应有内部局域网并接入互联网。

（5）质量和安全保障

①应设立质量管理制度，至少每年进行一次质量评审，有完整的质量档案资料；

②应设立专门的投诉电话且 24 小时接听；

③投诉档案完整，投诉处理记录、投诉反馈和分析报告规范，投诉自行解决率应不低于 80%，有效投诉应不高于当年组织和接待人次的十万分之五；

④游客满意度应不低于 80%；

⑤应建立安全管理制度，制定安全应急预案并进行演练，发生安全事故及时报告并积极配合救援和妥善处理；

⑥积极推荐旅游者购买旅游意外保险，且包价旅游者购买率宜不低于 30%。

（6）诚信建设与营销推广

①每年营销经费宜不少于 20 万元并开展广告宣传，有影印海报，在网站、地方性报纸杂志上有广告投放，近两年年均市场宣传促销活动宜不少于 3 次；

②宣传品和线路价目表数目宜不少于 5 种，经营入境旅游的提供外文宣传资料；

③应与供应商、协作方等签订正规合约，同行履约反映良好，妥善处理违约纠纷；

④宜建立合作商和供应商档案管理、评定与筛选机制。

4. AAAA 级旅行社

（1）经营条件

①固定资产应不少于 500 万元；

②经营场所面积（含非独立法人机构）应不少于 300 平方米；

③在职人员总数（含非独立法人机构）应不少于 200 人；

④宜加入全国性旅游行业协会。

（2）经营业绩

①近两年年均组接应不少于 20 万人/天；

②近两年年均营业收入应不少于 1 亿元；

③近两年年均实缴税金应不少于 10 万元。

（3）企业管理

①应建立标准化的、具体有效的规章制度；

②宜有旅游市场发展与需求分析报告；

③应建立专门培训制度，安排专项培训经费预算，在职员工每年培训时间应不少于 60 小时；

④专职导游、领队人员占在职人员总数比例宜不低于 20%；

⑤高级管理人员中有 3 年以上从事旅行社及旅游企业工作经验的比例不低于 50%，中层以上管理人员中具有大专以上学历的比例宜不低于 85% 或本科以上不低于 60%；

⑥专职财务人员中应至少一人具有高级专业职称或两人以上具有中级专业职称;

⑦近两年年均人员流失率宜不高于 25%。

（4）服务能力

①销售的旅游线路宜不少于 30 条，近两年年均推出新产品线路宜不少于 5 条；

②应有 10 家以上服务网点或者代理招徕机构，宜有 5 家以上分社；

③网络和营业时间电话咨询应答率宜不低于 90%。

（5）质量和安全保证

①有效投诉应不高于当年组织和接待人次的十万分之三；

②游客满意度应不低于 85%；

③积极推荐旅游者购买旅游意外保险，且包价旅游者购买率宜不低于 50%。

（6）诚信建设与营销推广

①应有专门的营销经费，且每年应不少于 50 万元；

②近两年每年进行市场宣传促销活动宜不少于 5 次。

5.AAAAA 级旅行社

（1）经营条件

①固定资产应不少于 1000 万元；

②经营场所面积（含非独立法人机构）应不少于 500 平方米；

③在职人员总数（含非独立法人机构）应不少于 500 人。

（2）经营业绩

①近两年年均组接应不少于 50 万人/天；

②近两年年均实缴税金应不少于 50 万元；

③近两年年均营业收入应不少于 5 亿元。

（3）企业管理

①企业经营管理制度应健全、规范并有效贯彻执行；

②在职员工每年培训时间应不少于 96 小时；

③高级管理人员中有 3 年以上从事旅行社及旅游企业工作经验的比例宜不低于 65%，中层管理人员中具有本科以上学历的比例宜不低于 85%；

④专职财务人员中应有 2 人以上具有高级专业职称或 4 人以上具有中级专业职称；

⑤近两年年均人员流失率宜不高于 20%。

（4）服务能力

①拥有 20 家服务网点或者委托招徕经营机构，宜有 10 家以上分社或 5 家以上旅游类子公司；

②应提供 24 小时电话或者网络咨询服务，网络和营业时间电话咨询应答率宜不低于 100%；

③应有一级域名的企业网站，网站宜每日更新并有预订和支付功能。

（5）质量和安全保证

①有效投诉应不高于当年组织和接待人次的十万分之一；

②游客满意度应不低于 90%；

③积极推荐旅游者购买旅游意外保险，且包价旅游者购买率宜不低于 60%。

（6）诚信建设与营销推广

①应有专门的营销经费，且每年宜不少于 200 万元；

②近两年每年进行市场宣传促销活动宜不少于 10 次。

第二节　旅游饭店知识

旅游饭店已经发展成为旅游业最重要的一个行业，一个国家或地区旅游饭店的行业规模、管理水平和服务质量是衡量其旅游业发展程度的主要标志。

一、旅游饭店的定义

旅游饭店的定义是以间（套）夜为单位出租客房，以住宿服务为主，并提供商务、会议、休闲、度假等相应服务的住宿设施，按不同习惯可能也被称为宾馆、酒店、旅馆、旅社、宾舍、度假村、俱乐部、大厦、中心等。

二、旅游饭店的特点

旅游饭店是一种特殊的企业，它出售的商品可以概括为"时间""空间"和"服务"，这就决定了饭店业与其他行业相比较，具有以下特点。

①生产力受饭店自身规模大小和时间的限制，定时、定量。

②产品不能储存，价值随时间而消失。

③产品不能搬运，发展、销售受地理位置的限制。

④产品价格的波动性大，季节性、时间性特征明显。

⑤产品的生产波动性大。产品生产受消费者和生产者本身的因素影响较大，产品质量的高低取决于消费者的感受。

⑥产品销售业绩受多种因素制约，促销成本较大，固定成本高，要达到收支平衡，需要维持较高的客房出租率。

三、旅游饭店的类型

（一）根据接待对象分类

1. 商务型饭店

所谓商务型饭店，就是为那些从事企业活动的商务游客提供住宿、膳食和商业活动及有关设施的旅游饭店。

一般来讲，为满足住客的商务要求，商务型饭店往往位于城市中心，且回头客较多。因此，饭店的服务项目、服务质量和服务水准要高。要为商务游客创造方便条件，饭店的设施力求舒适、方便、安全。

2. 长住型饭店

长住型饭店主要为一般性度假旅客提供公寓生活，主要是接待常住客人，这类饭店要求常住客人先与饭店签订一项协议书或合同，写明居住的时间和服务项目。长住型饭店已被我国有些饭店视为"保底收入的一种有效做法"。

3. 度假型饭店

度假型饭店主要是为度假游客提供娱乐和度假的场所，有多种娱乐、体育活动项目。一般位于海滨、山城景色区或温泉附近。它要离开嘈杂而繁华的城市中心和大都市，但是交通要方便。

4. 会议型饭店

会议型饭店是专门为各种从事商业、贸易展览会、科学讲座的商客、参会人员提供住宿、膳食和展览厅、会议厅的一种特殊型饭店。

会议型饭店的设施不仅要舒适、方便，有温馨的客房并提供美味的各类餐厅，同时要有大小规格不等的会议室、谈判间、演讲厅、展览厅等；并且在这些会议室、谈判间里都有良好的隔板装置和隔音设备。

（二）根据饭店的规模分类

饭店的规模大小，也反映出饭店的等级及提供服务的项目、等级。

1. 小型饭店

小型饭店的客房数一般在 100 间以下，由于受建筑设施和经济实力的限制，往往只能向客人提供住宿、餐食等基本服务，因而其价格比较低廉，适于中下阶层游客居住。这类饭店数量约占我国饭店总数的 50% 以上。

2. 中型饭店

中型饭店的客房数一般在 100～500 间，其设施相对来说较为齐全，能提供较为舒适、方便的客房、餐厅、酒吧、康乐设施和健身设施等服务。由于其价格比较合理，因而是一般游客理想的休息和娱乐场所。这类饭店的数量在我国占饭店总数的 40% 以上。

3. 大型饭店

大型饭店的客房数一般在 500 间以上，其设施和服务项目十分齐全，通常拥有各种大小规格的会议厅、宴会厅和健身设施、康乐设施、舞厅、音乐酒吧、闭路电视和中央空调系统等。这类饭店的数量在我国占饭店总数的 1%。

四、旅游饭店的星级划分

从 20 世纪五六十年代开始，按照饭店的建筑设备、饭店规模、服务质量、管理水平进行划分，逐渐形成了比较统一的等级标准。这种方式在欧洲十分流行，我国参照国际惯例，出台了旅游饭店星级评定标准。

①我国旅游饭店分为五个星级，即一星级、二星级、三星级、四星级、五星级（含白金五星级）。最低为一星级饭店，最高为白金五星级饭店。

②星级以镀金五角星为符号，用一颗五角星表示一星级，两颗五角星表示二星级，三颗五角星表示三星级，四颗五角星表示四星级，五颗五角星表示五星级，五颗白金五角星表示白金五星级。

③一星级、二星级、三星级饭店是有限服务饭店，评定星级时应对饭店住宿产品进行重点评价；四星级饭店和五星级（含白金五星级）饭店是完全服务饭店，评定星级时应对饭店产品进行全面评价。

④饭店开业一年后可申请评定星级，经相应星级评定机构评定后，星级标识使用有效期为三年。三年期满后应重新进行评定。

⑤评定星级时不因为某一区域所有权或经营权的分离，或因为建筑物的分隔而区别对待，饭店内所有区域应达到同一星级的质量标准和管理要求。

⑥星级划分条件分为必备条件、设施设备、饭店运营质量三个方面，必备条件均达标后，才能进入设施设备、饭店运营质量评价环节。设施设备环节总分为 600 分，按最终得分进行星级划分，一星级、二星级饭店不做要求，三星级饭店最低 220 分，四星

级饭店最低 320 分，五星级饭店最低 420 分。饭店运营质量方面总分也为 600 分，评价内容分为总体要求、前厅、客房、餐饮、其他、公共及后台区域 6 个大项。评分时按"优""良""中""差"打分并计算得分率。一星级、二星级饭店不做要求。三星级、四星级、五星级饭店规定最低得分率：三星级饭店为 70%，四星级饭店为 80%，五星级饭店为 85%。

第三节 旅游景区与入出境知识

一、旅游景区知识

（一）旅游景区的内涵及类型

1. 旅游景区的定义

具有参观游览、休闲度假、康乐健身等功能，具备相应旅游服务设施并提供相应旅游服务的独立管理区。该管理区应有统一的经营管理机构和明确的地域范围。包括风景区、文博院馆、寺庙观堂、旅游度假区、自然保护区、主题公园、森林公园、地质公园、游乐园、动物园、植物园及工业、农业、经贸、科教、军事、体育、文化艺术等各类旅游景区。

2. 旅游景区的类型

（1）按照资源特色划分

旅游景区可以分为自然景观型旅游景区、历史古迹型旅游景区、民俗风情型旅游景区、文学艺术型旅游景区、娱乐游憩型旅游景区、科考探险型旅游景区、综合型旅游景区。

（2）按照功能划分

可以分为经济开发型旅游景区和资源保护型旅游景区。经济开发型旅游景区是指完全以营利为目的，基本上采用了现代企业管理模式，正在朝"产权清晰、责权明确、政企分开、管理科学"的现代企业制度发展，主要有主题公园、旅游度假区。

资源保护型旅游景区往往是以公共资源为依托的，景区的目标具有多重性，景区资源的社会文化与环境价值往往超过经济价值，景区资源具有不可再生性。由于这类景区资源的公共性，因此在经营上具有明显的排他性与垄断性，政府对这类景区的干预程度较高。主要有风景名胜区、森林公园、自然保护区、历史文物保护单位、地质公园、水利风景区等。

（二）旅游景区质量等级的划分

1. 旅游景区质量等级划分依据

旅游景区质量等级划分为五级，从高到低依次为 AAAAA 级、AAAA 级、AAA 级、AA 级、A 级旅游景区。

旅游景区质量等级划分的依据是《旅游景区质量等级评定与划分国家标准评定细则》，本细则共分为三部分：《服务质量与环境质量评分细则》《景观质量评分细则》和《游客意见评分细则》。其中《服务质量与环境质量评分细则》包括旅游交通、游览、旅游安全、卫生、通信、旅游购物、综合管理、旅游资源与环境保护八个评价项目。《景观质量评分细则》包括资源要素与景观市场价值两大评价项目。每一评价项目继续分为若干评价子项目。对各子项目赋以分值，各旅游景区按各评价项目及子项目的相应得分确定等级。《游客意见评分细则》是旅游景区质量等级评定的重要参考依据，包括总体印象、可进入性、游路设置、旅游安排、景观设置、路标指示、景点介绍牌、宣传资料、讲解服务、安全保障、环境卫生、旅游厕所、邮电服务、购物、餐饮、旅游秩序、景物保护等评价项目。每一评价项目分为很满意、满意、一般、不满意四个档次，并依此计算旅客意见得分。

2. 旅游景区质量等级划分条件

（1）旅游交通

可进入性好。交通设施完善，进出便捷。或具有一级公路或高等级航道航线直达；或具有旅游专线交通工具；有与景观环境相协调的专用停车场或船舶码头。管理完善，布局合理，容量能充分满足游客接待量要求。场地平整坚实、绿化美观或水域畅通、清洁。标志规范、醒目、美观；区内游览（参观）线路或航道布局合理、顺畅，与观赏内容联结度高，兴奋感强。路面特色突出，或航道水体清澈；区内应使用清洁能源的交通工具。

（2）游览

游客中心位置合理，规模适度，设施齐全，功能体现充分。咨询服务人员配备齐全，业务熟练，服务热情；各种引导标识（包括导游全景图、导览图、标识牌、景物介绍牌等）造型特色突出，艺术感和文化气息浓厚，能烘托总体环境。标识牌和景物介绍牌设置合理；公众信息资料（如研究论著、科普读物、综合画册、音像制品、导游图和导游材料等）特色突出，品种齐全，内容丰富，文字优美，制作精美，适时更新。

导游（讲解员）持证上岗，人数及语种能满足游客需要。普通话达标率 100%。导游（讲解员）均应具备大专以上文化程度，其中本科以上学历者不低于 30%；导游（讲解）词科学、准确，有文采。

（3）旅游安全

认真执行公安、交通、劳动、质量监督、旅游等有关部门制定和颁布的安全法规，建立完善的安全保卫制度，工作全面落实；消防、防盗、救护等设备齐全、完好、有效，交通、机电、游览、娱乐等设备完好，运行正常，无安全隐患。危险地段标志明显，防护设施齐备、有效，特殊地段有专人看守；建立紧急救援机制，设立医务室，并配备专职医务人员。设有突发事件处理预案，应急处理能力强，事故处理及时、妥当，档案记录准确、齐全。

（4）卫生

环境整洁，无污水、污物，无乱建、乱堆、乱放现象，建筑物及各种设施设备无剥落、无污垢，空气清新、无异味；公共厕所布局合理，数量能满足需要，标识醒目美观，建筑造型景观化。所有厕所具备水冲、盥洗、通风设备，并保持完好或使用免水冲生态厕所。厕所设专人服务，洁具洁净、无污垢、无堵塞。室内整洁，有文化气息；垃圾箱布局合理，标识明显，造型美观独特，与环境相协调。垃圾箱分类设置，垃圾清扫及时，日产日清；食品卫生符合国家规定，餐饮服务配备消毒设施，不应使用对环境造成污染的一次性餐具。

（5）邮电服务

提供邮政及邮政纪念服务：通信设施布局合理。出入口及游人集中场所设有公用电话，具备国际、国内直拨功能；公用电话亭与环境相协调，标志美观醒目；通信方便，线路畅通，服务亲切，收费合理；能接收手机信号。

（6）旅游购物

购物场所布局合理，建筑造型、色彩、材质有特色，与环境协调；对购物场所进行集中管理，环境整洁，秩序良好，无围追兜售、强买强卖现象；对商品从业人员有统一管理措施和手段；旅游商品种类丰富，本地区及本旅游区特色突出。

（7）经营管理

管理体制健全，经营机制有效；旅游质量、旅游安全、旅游统计等各项经营管理制度健全有效，贯彻措施得力，定期监督检查，有完整的书面记录和总结；管理人员配备合理，中高级以上管理人员均具备大学以上文化程度；具有独特的产品形象、良好的质量形象、鲜明的视觉形象和文明的员工形象，确立自身的品牌标志，并全面、恰当地使用；有正式批准的旅游总体规划，开发建设项目符合规划要求；培训机构、制度明确，人员、经费落实，业务培训全面，效果良好，上岗人员培训合格率达100%；投诉制度健全，人员落实、设备专用，投诉处理及时、妥善，档案记录完整；为特定人群（老年人、儿童、残障人士等）配备旅游工具、用品，提供特殊服务。

（8）旅游资源吸引力

观赏游憩价值极高；同时具有极高历史价值、文化价值、科学价值，或其中一类价值具世界意义；有大量珍贵物种，或景观异常奇特，或有世界级资源实体；资源实体体量巨大，或资源类型多，或资源实体疏密度极优；资源实体完整无缺，保持原来形态与结构。

（9）市场吸引力

世界知名，美誉度极高；市场辐射力很强；主题鲜明，特色突出，独创性强。

（10）接待量大

年接待海内外游客 60 万人次以上，其中海外游客 5 万人次以上。

二、入出境知识

（一）入出境所持的证件

外国人、华侨、港澳台同胞入境，均须在指定口岸向边防检查站（由公安、海关、卫生检疫三方组成）交验有效证件，填写入境卡，经边防检查站查验核准加盖验讫章后方可入境；中国公民返归时，只要在入境口岸的边检站出示有效证件，不必填写入境卡。

有效证件指各国政府为其公民颁发的出国证件，其种类很多，不同类型的人员使用的有效证件名称也不同，如供国际航班机组人员使用的是"执照"，供国际海员使用的是"海员证"，邻国边民使用的是"边民证"，华侨使用的是"旅行证"，港澳同胞使用的是"港澳居民来往内地通行证"，台湾同胞使用的是"台湾居民来往大陆通行证"，绝大多数外国游客和中国公民使用的是护照以及前往国在护照中签注和盖印的签证。下面介绍与旅游有关的几种有效证件。

1. 护照

护照是一国主管机关发给本国公民出国或在国外居留的证件，证明其国籍和身份。护照一般分为外交护照、公务护照和普通护照三种，有的国家为团体出国人员（旅游团、体育队、文艺团体）发放团体护照。

（1）外交护照

外交护照发给政府高级官员、国会议员、外交和领事官员、负有特殊外交使命的人员、政府代表团成员等。持有外交护照者在外国享受外交礼遇（如豁免权）。

（2）公务护照

公务护照发给政府一般官员，驻外使、领馆工作人员以及因公派往国外执行文化、经济等任务的人员。

（3）普通护照

普通护照发给出国的一般公民、国外侨民等。

在中国，外交护照由外交部签发；公务护照由外交部、中华人民共和国驻外使馆、领馆或者外交部委托的其他驻外机构以及外交部委托的省、自治区、直辖市和设区的市人民政府外事部门签发。普通护照由公安部出入境管理机构或者公安部委托的县级以上地方人民政府公安机关出入境管理机构以及中华人民共和国驻外使馆、领馆和外交部委托的其他驻外机构签发。

2. 签证的种类与办理

签证是一国主管机关在外国公民所持的护照或其他有效出入证件上签注、盖印，表示准其出入本国国境或者过境的手续。

我国签证分为外交签证、礼遇签证、公务签证、普通签证四种，还可分为入境签证、入出境签证、出入境签证和过境签证。此外，还有移民签证、非移民签证、另纸签证、口岸签证和 ADS 签证。其中，另纸签证是签注在护照以外的一张纸上，它同签在护照内的签注具有相同作用，但必须和护照同时使用；口岸签证是指在前往国的入境口岸办理的签证；ADS 签证是指仅限于在被批准的旅游目的地国家—地旅游的签证，它在旅游目的地国家境内既不可转签，也不可延期，持此种签证的人必须团进团出。

旅游签证属于普通签证，在中国为 L 字签证（发给来中国旅游、探亲或因其他私人事务入境的人员）。签证上规定持证者在中国停留的起止日期。10 人及以上的旅游团可发放团体签证。团体签证一式三份，签发机关留一份，来华旅游团两份，一份用于入境，一份供出境使用。签证的有效期限不等，获签证者必须在有效期内进入中国境内，超过期限签证不再有效。持 L 字签证的外国人须从中国指定的口岸入境，向边防检查机关缴验有效护照和中国的签证，填写入境卡，经边防检查机关查验核准加盖入境验讫章，入境后，不得在中国从事就业、非法采访活动。希望进入中国境内的外国人必须持有效护照（必要时提供有关证明）向中国的外交代表机关、领事机关或者外交部授权的其他驻外机关申请办理签证。

在特定情况下，确实来不及到上述机关办理签证手续者，可向公安部授权的口岸签证机关申请办理签证。中国公安部授权的口岸签证机关最早设立的口岸有：北京、上海、天津、大连、福州、厦门、西安、桂林、杭州、昆明、广州（白云机场）、深圳（罗湖、蛇口）、珠海（拱北）、重庆、海口、三亚、济南、青岛、烟台、威海、成都和南京。

目前，世界上不少国家开通了电子签，这样办理签证可以足不出户，直接在智能手机上操作即可，而且签证进度、何时出签，也可在手机端实时显示。目前可申请电子签证的国家有澳大利亚、新西兰、柬埔寨、韩国（针对旅游团游客）、新加坡、阿联酋、斯里兰卡、印度、马来西亚、土耳其、缅甸、肯尼亚、瓦努阿图、科特迪瓦、卡塔尔、索马里、塞内加尔、摩尔多瓦、格鲁吉亚、阿塞拜疆和赞比亚等。

3. 港澳居民来往内地通行证

港澳居民来往内地通行证是港、澳同胞来往于中国香港、中国澳门与内地之间的证件，由广东省公安厅签发。它的前身是港澳同胞回乡证，签发机关为"公安部出入境管理局"，仍由公安部委托广东省公安厅审批，委托香港中旅集团、澳门中国旅行社分别受理香港、澳门居民的申请。年满18周岁的为10年有效，未满18周岁的为5年有效。

4. 台湾居民来往大陆通行证

台湾居民来往大陆通行证简称"台胞证"，是中国政府发给台湾人民来往大陆地区观光、商务、探视的身份证明书。目前，台湾居民前往大陆时，仍须持"中华民国"护照出关，至大陆边检时，再以台胞证入境。台湾居民来往大陆通行证分为5年有效和3个月一次有效两种。台湾居民在台湾地区、港澳地区和大陆均可申领台胞证。在大陆的台湾居民可向县级以上公安机关出入境管理部门申请补发、换发5年有效电子台胞证，包括持一次有效台胞证入境的台湾居民。台湾居民来往大陆不需要办理签注。仍然有效的本式台胞证可以继续使用，持证人也凭有效台胞证可申请换发电子台胞证。

5. 往来港澳通行证

港澳通行证全称为"中华人民共和国往来港澳通行证"，是内地居民往来港澳地区的唯一合法的旅游证件，由居民所在地公安局出入境管理部门颁发。

6. 往来台湾地区通行证

往来台湾地区通行证全称为"大陆居民往来台湾地区通行证"，是内地居民往来台湾地区唯一合法的旅行证件，由中华人民共和国政府授权中国公安机关颁发。此外，赴台旅游还须在户口所在地公安局出入境管理处办理"入台观光证"。赴台旅游时一定要手持双证，否则会遭到遣返。

（二）出入境手续的办理程序

1. 办理出入境手续

办理出入境手续是比较复杂的一项工作，这是对导游工作能力的检验。导游领队要带领旅游团队经过海关检查、卫生检疫检查、边防出入境检查、登机安全检查等关口，此外还要办理登机手续、行李托运、提取行李、转机等手续。导游要对各项手续十分熟悉，以便能够带领旅游团队顺利完成出境的所有复杂工作。

（1）海关检查

出入境旅客行李物品必须通过设有海关的地点出入境，并接受海关监管。

海关检查一般询问是否有需要申报的物品，或让旅客出示携带物品出入境申报单，必要时海关有权开箱检查所携带物品。

旅客行李申报单须在出境前填写，一式两份，详细列明带出的旅途自用的手表、照相机等物品的数量、牌名、规格、新旧程度。海关在入境游客申报单上加上△记号的必须附带出境。

各国对出入境物品的管理有各自不同的具体规定。一般烟、酒等物品按限额放行。对于海关加封的行李物品，不要擅自拆开或者损毁海关施加的封志。

海关通道分为"红色通道"和"绿色通道"两种。不明海关规定或不知如何选择通道的旅客，应选择红色通道通关。

①红色通道

红色通道也称"应税通道"。旅游团到达出境地点，首先办理海关手续，如有物品申报，要认真填写《中华人民共和国海关进/出境旅客行李物品申报单》，走红色通道，办理海关手续，经海关查验后放行。申报单应妥善保管，不得涂改，不得遗失。

②绿色通道

绿色通道亦称"免税通道"或"无申报通道"。携带无须向海关申报物品的游客和持有外交签证或礼遇签证的人员，可选择"绿色通道"通关，但需向海关出示本人证件和按规定填写申报单据。

（2）卫生检疫

为了防止传染病由国外传入或由国内传出，保护人身健康，根据国际惯例及习惯法，要求入境者如实填写健康申明卡，来自疫区的人员还必须出示有效的有关疾病预防接种证明（俗称"黄皮书"），无证者卫生检疫机关可对其施与 6 日的强制留验。如遇传染病患者隐瞒不报，按逃避检疫论处，可禁止入境或责令其提前离境。

（3）边防检查

边防检查是指对出入国境人员的护照、证件、签证、出入境登记卡、出入境人员携带的行李物品和财物、交通运输工具及其运载的货物等的检查和监护，以及对出入国境上下交通运输工具人员的管理和违反规章行为的处理等。边防检查是为了保卫国家的主权和安全，而对出入国境的人员等进行的检查。边防检查的内容包括护照检查、证件检查、签证检查、出入境登记卡检查、行李物品检查、交通运输工具检查等。因私出国人员到达出境口岸时，首先要填写一张《出境登记卡》并将自己的护照、身份证、签证等一并交给边防检查人员，由边防检查人员进行逐项检查；边防检查人员对持照人的证件进行核查（包括护照是否真实有效，签证是否真实有效，护照和身份证内容是否一致等）后在护照上加盖验讫章（该章内包括出境口岸的名称、编号、"出境边防检查"字样和年月日等），并将出境登记卡留存于边防检查站；上述手续完毕后，将护照当面交给持照人。

2. 不准出入境的规定

（1）下列外国人不准入境

①未持有效出境入境证件或者拒绝、逃避接受边防检查的。

②被处驱逐出境或者被决定遣送出境，未满不准入境规定年限的。

③患有严重精神障碍、传染性肺结核病或者有可能对公共卫生造成重大危害的其他传染病的。

④可能危害中国国家安全和利益、破坏社会公共秩序或者从事其他违法活动的。

⑤在申请签证过程中弄虚作假或者不能保障在中国境内期间所需费用的。

⑥入境后可能从事与签证种类不符的活动的。

⑦法律、行政法规规定不准入境的其他情形。

对不准入境的,出入境边防检查机关可以不说明理由。对未被准许入境的外国人,出入境边防检查机关应当责令其返回;对拒不返回的,强制其返回。外国人等待返回期间,不得离开限定的区域。

(2)下列人士不准出境

中国公民有下列情形之一的,不准出境:

①未持有效出境入境证件或者拒绝、逃避接受边防检查的。

②被判处刑罚尚未执行完毕或者属于刑事案件被告人、嫌疑人的。

③有未了结的民事案件,人民法院决定不准出境的。

④因妨害国(边)境管理受到刑事处罚或者因非法出境、非法居留、非法就业被其他国家或者地区遣返,未满不准出境规定年限的。

⑤可能危害国家安全和利益,国务院有关主管部门决定不准出境的。

⑥法律、行政法规规定不准出境的其他情形。

第四节 交通知识

一、航空客运知识

(一)航班

1. 飞行形式

民航运输主要有三种飞行形式:班期飞行、加班飞行和包机飞行。

班期飞行是按照班期时刻表和规定的航线,定机型、定日期、定时刻的飞行。

加班飞行是根据临时需要在班期飞行以外增加的飞行。

包机飞行是按照包机单位的要求,在现有航线上或以外进行的专用飞行。航班分为定期航班和不定期航班。定期航班是指飞机定期自始发站起飞,按规定航线经经停站至终点站或直达终点站的飞行。在国际航线上飞行的航班称国际航班，在国内航线上飞行的航班则称国内航班。航班还可以分为去程航班和回程航班。

2. 航班号

航班编号是由航空公司的二字英文代码和阿拉伯数字组成，例如，中国国际航空公司、中国东方航空公司、中国南方航空公司的英文代码分别是 CA、MU 和 CZ。

国内航班编号是由航空公司的英文代码和四位阿拉伯数字组成。第一个数字是执行该航班任务的航空公司起飞基地所在区域的数字代码；第二个数字表示该航班终点站所属的管理局或航空公司所在地的数字代码；第三、四位数字是该航班的具体编号，第四位数字若为单数表示是去程航班，双数则为回程航班。例如，MU5401 为东方航空公司自上海飞往重庆的航班，而 MU5402 则为返程航班。

我国国际航班的航班号由执行该航班任务的航空公司的英文字母代码和三位阿拉伯数字组成。其中第一位数字是航空公司的数字代码。例如，中国国际航空公司的数字代码为 9，中国南方航空公司的数字代码为 3，中国东方航空公司的数字代码为 5 等。后两位是航班序号，单数为去程，双数为回程。CA919 是指中国国际航空公司自北京飞往东京的航班，CA977 为中国国际航空公司自北京飞往新加坡的航班。

3. 代码共享

代码共享（Code-Share）是指一家航空公司的航班号（即代码）可以用在另一家航空公司的航班上。这对航空公司而言，不仅可以在不投入成本的情况下完善航线网络、扩大市场份额，而且越过了某些相对封闭的航空市场的壁垒。旅客则可以享受到更加便捷、丰富的服务，比如众多的航班和时刻选择，一体化的转机服务，优惠的环球票价，共享的休息厅以及旅客计划等。正因为代码共享优化了航空公司的资源，并使旅客受益匪浅，所以 20 世纪 70 年代代码共享在美国国内市场诞生后，如今已成为全球航空运输业内最流行的合作方式。这些外航与我国几大主要航空公司都分别签署相互的代码共享协议。代码共享这种方式使中国的航空公司得以直接吸取国外先进航空公司在经营和管理上的经验，尽快融入日益全球化、自由化的航空运输业。

4. 机舱等级

飞机安排座位时是分舱位的，而不同的舱位对应的机票折扣不同，价格不同，所得到的服务也不一样。国内客票的舱位等级主要分为头等舱（舱位代码为 F）、公务舱（舱位代码为 C）、经济舱（舱位代码为 Y），经济舱里面又分不同的座位等级（舱位代码为 B、K、H、L、M、Q、X、E 不等，这种代码每个航空公司的标识都不相同，价格也不一样），折扣舱依次往下排列，低舱位享受的服务和高舱位的不同，最明显的就是提前预订机上座位、餐食服务以及是否允许退票等。国际客票的舱位等级主要分为头等舱（舱位代码为 FA）、公务舱（舱位代码为 CDJ）、经济舱（舱位代码为 Y），经济舱下属的座位等级和国内的差不多,也会有不退票的规定。

(二)机票

1. 电子机票

电子机票可在民航售票处或联网计算机上完成订座、出票、作废、退换、改转签等操作。游客购买机票必须凭本人有效身份证件,客票只限票上所列姓名的游客本人使用,不得转让。在线购买成功后,会得到一个电子票号或者出票记录传真,在机场游客凭有效证件到值机柜台换取乘机凭证。正常票价的客票有效期为一年。特价机票的有效期以承运人的规定为准。

2. 机票分类

(1)机票可分为普通机票和特别机票

普通一年期机票,主要分头等票(First Class)、商务票(Business Class)及经济票(Economy Class or Coach)三种,有效期为一年,可换乘其他航空公司的航班,票价较高,但灵活方便,没有太多时间上的限制,适合途中可能改变线路、时间的旅客。

特别机票又可分为旅游机票、团体机票、包机机票、学生机票、优惠机票等,价格较为优惠,但限制较多。

①旅游机票。旅游机票的票价相比普通一年期机票较为低廉,但限制相对来说较多,只能购买来回票,不能购买单程票,可分为中途停站及不停站两种,中途容许停站的票价较贵,持票人一定要在目的地停留一段时间后,在机票规定的有效期内回程,否则机票就会失效,因此,购买此种机票时,应该详细了解有效期,以免机票因过期失效,回程要另行买票,从而招致损失。

②团体机票。团体机票是由航空公司委托的旅游企业作为指定代理,事先向航空公司订下若干数目的机位,作为举办团体旅行之用。按规定这种团体机票不能出售给个别旅游人士,旅客在购买时应该注意其有效期及能否退回程票等情况,因为某些团体票在机票上注明不能退款、不能改签,如旅游团延误,则损失很大,必须警惕。

③包机机票。包机机票是包机公司或旅行社向航空公司包下整架或部分飞机座位,以供旅客搭乘。这类机票的票价及营运限制,均由包机公司或旅行社自行订购。

(2)机票可根据购买对象分为成人票、儿童票、婴儿票等

成人票是指年满12周岁的人士应购买的机票。儿童票是指年龄满2周岁但不满12周岁的儿童所购买的机票,票面价值是成人适用的正常票价的50%左右,提供座位。婴儿票是指不满2周岁的婴儿应购买的机票,票面价值是成人适用的正常票价的10%左右,不提供座位(如需要单独占用座位时,应购买儿童票),一个成人旅客若携带婴儿超过一名时,超出的人数应购买儿童票。购买儿童票和婴儿票时,应出示有效的出生证明。

(3) 机票可按是否订妥座位分为定期机票和不定期机票

前者是指已订妥座位的机票,后者是指未订妥座位的机票,须订妥座位后方可使用。机票有效期为一年。定期机票自旅客开始旅行之次日零时起算;不定期机票自填开客票之次日零时起算。

(4) 机票按航线分为联程机票和来回程机票

联程机票是指一条航线(如从甲地飞往乙地)上分为几个航段,而每个航段的航班甚至执行航班的航空公司都可能不同,因而中间需要"中转"的机票。一般来说,购买联程机票的飞行虽然比直飞航班所需时间较长,但价格比直飞航班便宜。因此,对旅行者来说,如果时间允许,购买联程机票是比较经济实惠的。来回程机票是指同一条航线上往返飞行的机票。

购买了联程机票或来回程机票的旅客订妥座位后,如在该联程或回程地点停留72小时以上,须在该联程或回程航班飞机离站前2天中午12时以前,办理座位再证实手续。否则,原定座位不予保留。如旅客到达联程或回程地点的时间离航班飞机离站时间不超过72小时,则不需办理座位再证实手续。

3. 退票

航空公司应明确合理客票退改签收费标准,退票费不得高于客票的实际销售价格,不能简单规定特价机票一律不得退改签。

机票退改签阶梯费率,将此前仅有的起飞前两小时以上及两小时以内两档退改签的规定改为四档,即航班起飞30天(含)之前、航班起飞前30天(不含)至14天(含)、航班起飞前14天(不含)至4小时(含)和航班起飞前4小时(不含)至航班起飞后。除航班起飞前30天不收退票费外,其他三档都要收取退票费。虽然不同航空公司收取的退票费率略有差异,但总体上是,办理退改手续越早,手续费率越低。

中国国际航空公司的规定:航班起飞前4小时到起飞后,改签费用是收取票面的10%,退票费用是收取票面的20%。

中国南方航空公司的规定:在航班离站前168小时(7天),收取10%的退票费,在航班离站48小时以前,收取25%的退票费。在航班离站4小时以前,收取40%的退票费。在航班离站4小时之内,收取50%的退票费。

中国东方航空公司的规定:起飞前7天以上退票需支付票面费用10%的手续费、起飞前2~7天退票费用为20%,起飞前448小时退票费用为40%,起飞前4小时以内退票费用为50%。

此外,特价票也可退改签,如春秋航空公司规定,特价机票退票手续费由原来票价的

100%降到了50%，变更的手续费从原票价的100%降到了40%。

（三）乘机

1. 国内航班乘机流程

游客可通过机场柜台或机场"电子客票自助值机"服务，办理登机手续。国内航班乘机流程：抵达机场确认航站楼—确认航空公司办票柜台—在规定的时限内凭本人有效身份证件在值机柜台领取登机牌、托运行李—凭相关身份证件、登机牌、携带随身物品通过安检—根据登机牌标示的登机口到相应候机区休息候机—登机。无托运行李游客只需至自助值机机柜—通过读卡机读取证件信息—进入自助值机系统—根据系统提示完成换发登机牌手续—取得登机牌—前往安检。航空公司值机柜台停止办理乘机手续的时间：国内航班一般为航班离站时间前30分钟，国际航班为40分钟。

全国多家机场已开通"民航临时乘机证明"系统，乘客若忘记携带身份证，可在微信小程序中搜索点击"民航临时乘机证明"或在微信"城市服务—交通出行"中点击"民航临时乘机证明"即可获得电子防伪二维码，凭此二维码办理值机手续和接受安检。该二维码有效期为15天，若超过15天可再一次申办，不收任何费用。

2. 行李

（1）随身携带物品

每位游客以5千克为限。持头等舱客票的游客，每人可随身携带两件物品；持公务舱或经济舱客票的游客，每人只能随身携带一件物品。每件随身携带物品的体积均不得超过20厘米×40厘米×55厘米。超过上述重量、件数或体积限制的随身携带物品，应作为托运行李托运。

（2）免费行李额

持成人票或儿童票的头等舱游客为40千克，公务舱游客为30千克，经济舱游客为20千克。持婴儿票的游客，无免费行李额。同行游客的免费行李额可合并计算。构成国际运输的国内航段，每位游客的免费行李额按适用的国际航线免费行李额计算。

（3）超重行李

游客的超重行李在其所乘飞机载量允许的情况下，应与旅客同机运送。游客应对超重行李付超重行李费，超重行李费率以每千克按经济舱票价的1.5%计算，金额以元为单位。

（4）不准在交运行李内夹带的物品

游客不得在交运的行李内夹带重要文件和资料、外交信贷、证券、货币、汇票、贵重物品、易碎易腐物品、手机、手提电脑、数码相机、充电宝以及含锂电池的其他物品。

（5）不准随身携带但可作为行李托运的物品

危害航空安全的菜刀、大剪刀、大水果刀等生活用刀；手术刀、雕刻刀等专用刀具；文艺单位表演用的刀、矛、剑、戟等；斧、凿、锤、锥、加重或有尖头的手杖、铁头登山杖和其他危害航空安全的锐器、钝器。

3. 机票遗失与误机

（1）机票遗失

旅客机票遗失，应以书面形式，在所乘航班规定离站时间1小时前向承运人或其代理人申请挂失，提供证明。承运人经核实并查明遗失机票确未被冒用或冒退，可予补发新客票，收取补票手续费，补开的客票不能办理退票。如遗失机票在申请挂失前被冒用或冒退，承运人不负责任。

（2）误机与延误

①旅客误机

旅客误机后最迟应在该航班离站后的次日中午12时（含）以前，到乘机机场的承运人乘机登记处、承运人售票处或承运人地面服务代理人售票处办理误机确认。误机确认后，旅客如要求改乘后续航班，可在上述地点或原购票地点办理变更手续，承运人应在航班有可利用座位的条件下予以办理，免收误机费。但是，如所购误机的机票是折价票，旅客需向承运人补交票差。

旅客若未办理误机确认，如果要求继续旅行，应交付客票价20%的误机费。旅客误机变更后，如果要求再次改变航班、日期，应交付客票价50%的变更手续费。旅客误机或误机变更后，如果要求改变承运人，按自愿退票的规定办理，应交付客票价50%的误机费。旅客误机或误机变更后，如果要求退票，也按自愿退票规定办理，应交付客票价50%的误机费。

②航班延误或取消

由于机务维护、航班调配、商务、机组等承运人自身原因，造成航班在始发地出港延误或者取消、国内航班在经停地延误或者取消、国内航班发生备降三种情况，承运人或者地面服务代理人应当向旅客提供餐食或住宿服务。由于天气、突发事件、空中交通管制、安检以及旅客等非承运人原因，造成航班在始发地延误或取消，承运人可协助旅客安排餐食和住宿，费用由旅客自理。

4. 旅客保险与身体伤害赔偿

（1）旅客保险

旅客可以自行决定向保险公司投保国内航空运输旅客人身意外伤害保险。此项保险金额的给付，不免除或减少承运人应当承担的赔偿限额。

（2）旅客身体伤害赔偿

在国内航空运输中，承运人对每名旅客身体伤害的最高赔偿限额，按照国务院的有关规定办理。在国际航空运输中，承运人对每名旅客伤害的赔偿限额为16600计算单位。

二、铁路客运知识

（一）列车种类

我国列车分为国内旅客列车和国际旅客列车。特别是我国高速铁路飞速发展，通车里程已居世界第一，将建设以"四纵四横"为重点的高速铁路网。"四纵"即北京—上海、北京—香港、北京—哈尔滨和杭州—深圳，"四横"即青岛—太原、徐州—兰州、南京—成都和杭州—昆明。火车已成为舒适、便捷、安全的旅游交通工具。

按车次前冠有的字母分为：

车次前冠有字母"G"的列车为高铁列车；

车次前冠有字母"C"的列车为城际动车组列车；

车次前冠有字母"D"的列车为动车组；

车次前冠有字母"Z"的列车为直达特快列车；

车次前冠有字母"T"的列车为特快旅客列车；

车次前冠有字母"K"的列车为快速旅客列车；

车次前无字母的为普通旅客列车。

此外，下列列车一般在节假日、春秋旅游季节开行：

车次前冠以字母"L"的列车为临客普快列车；

车次前冠以字母"Y"的列车为郊游临客快速列车。

按照铁道部门的有关规定，乘坐列车均采用实名制购票（儿童除外）和实名查验。

（二）车票

1. 车票种类

火车票中包括客票和附加票两部分。客票部分为软座、硬座。附加票分为加快票、卧铺票、空调票。附加票是客票的补充部分，除儿童外，不能单独使用。为了优待儿童、学生和伤残军人，还发售半价票。

2. 儿童票

儿童身高为 1.2~1.5 米的，应购买儿童票，一名成年人旅客可以免费携带一名身高不足 1.2 米的儿童。如果身高不足 1.2 米的儿童超过一名时，一名儿童免费，其他儿童应购买儿童票，超过 1.5 米的，应购买全价座票。成年人旅客持卧铺车票时，儿童可以与其共用一个卧铺，并按上述规定免费或购票。儿童单独使用一个卧铺时，应另行购买全价卧铺票。目前，在铁路售票窗口购买实名制车票时，儿童票不实行实名制。

3. 购票

全国所有旅客列车实行车票实名制，旅客须凭本人有效身份证件或复印件购买车票。同一乘车日期、同一车次，一张有效身份证件只能购买一张实名制车票。旅客可在车站售票处及各售票网点购票，也可以通过中国铁路客户服务中心网站进行网络订票或通过电话订票，然后到车站取票。旅客可在各地购买带有席位号的异地票、联程票和往返票。购票前或购票后无法出示有效身份证件原件的，可到车站办理"乘坐旅客列车临时身份证明"，但需提供自己的姓名和身份证号码。

4. 退票

旅客要求退票时，应当在票面指定的开车时间前到车站办理，退还全部票价，核收退票费。特殊情况经购票地车站或票面乘车站站长同意的，可在开车后 2 小时内办理。旅客开始旅行后一般不能退票。退票费按如下核收：票面乘车站开车时间前 48 小时以上的按票价 5% 计；24 小时以上、不足 48 小时的按票价 10% 计；不足 24 小时的按票价 20% 计。按照铁路部门发布的火车票退改签规定，无论是网上订票还是窗口订票，都只能改签 1 次。旅客换取纸质车票后，不能再在中国铁路客户服务中心网站办理改签、退票手续，应凭纸质车票在车站办理。

5. 车票遗失

旅客购买实名车票后，如果遗失，其处理分为以下三种情况。

（1）进站前丢失车票

首先，失主须在开车前至少 20 分钟到车站售票厅办理"挂失补票"业务的窗口，提供购票时使用的身份证件和购（取）票地车站名称、乘车日期、车次、发站与到站等信息，经工作人员确认无误后，失主则按原车票车次、席位、票价重新购买一张新车票（新车票所载信息与原车票一致，并注有"挂失补"字样）；其次，失主持"挂失补"车票上车后，须主动向列车工作人员声明，并提出开具"客运记录"的要求。到站前，列车长确认该席位使用正常时，将向失主开具"客运记录"；最后，失主到站 24 小时以内，凭"客运记录"和注有"挂失补"的新车票到退票窗口办理退票手续，不收退票费。

（2）列车上丢失车票

失主须主动向列车工作人员声明，进行补办。经列车工作人员查验失主本人购票时使用的身份证原件、购票信息，确认一致后，失主支付 2 元手续费便可取得标有"车票丢失"字样的车票。到站前，列车工作人员确认席位使用正常后，将向失主开具"客运记录"。到站后失主须主动向出站口车站工作人员声明，并配合其查验。经工作人员确认情况属实，并收回"客运记录"后，失主方可出站。

（3）出站前丢失车票

失主须主动向车站声明，并配合车站工作人员进行查验。经车站人员查实已购车票有效，乘车日期、车次相符，票、证、人一致后，失主支付2元手续费便可取得标有"车票丢失"字样的新车票，然后持该车票和购票时使用的身份证件原件出站。

（三）乘车

1. 持有效身份证件乘车

游客必须持车票和与票面所载信息相符的有效身份证件原件进站、乘车（免费乘车的儿童及持儿童票的儿童除外）。票、证、人不一致或无法出示有效身份证件的游客，不得进站乘车。

2. 免费携带行李的重量及尺寸

每名旅客免费携带品的重量和体积是：儿童（含免费儿童）10千克，外交人员35千克，其他旅客20千克。每件物品外部尺寸长、宽、高之和不超过160厘米，杆状物品不超过200厘米，但乘坐动车组列车杆状物品的长度不超过130厘米，重量不超过20千克。残疾人代步所用的折叠式轮椅不计入上述范围。

3. 不准携带的物品

凡是危险品（如雷管、炸药、鞭炮、汽油、电石、液化气等易燃、易爆和国家限制运输物品），妨碍公共卫生（包括有恶臭等异味）的物品、动物（导盲犬、初生雏20只除外）以及损坏或污染车辆的物品都不准带入车内。

全国所有动车组都禁止旅客在车内吸烟，违者将受到公安行政处罚，并自受处罚之日起，暂停对其发售全国各次动车组车票。该旅客只有携带身份证原件到铁路任一客户服务中心签订协议书后，方可购买动车组车票。但是，如果他再次违法在动车组列车上吸烟，中国铁路总公司将停止对其提供乘坐全国各次动车组列车的服务。

4. 乘火车赴香港的要求

乘火车赴香港须提前办好赴香港特别行政区的证件，并持该证件与有效车票提前90分钟到出入境联检大厅办理验关手续。

5. 乘火车赴西藏的要求

乘火车赴西藏须先行阅读火车站公布的"高原旅行提示"，然后认真填写"旅客健康登记卡"。上车时，须同时出示车票和填写完整的"旅客健康登记卡"。

外国人、台湾同胞购买赴藏火车票，须出示西藏自治区外事办公室或文化和旅游部门、商务厅的批准函（电），或者出示中国内地司局级接待单位出具的、已征得自治区上述部门同意的证明信函。

三、水路客运知识

（一）水路旅行常识

水运交通服务是指旅游企业为了满足游客在各种水域中旅行游览的需求，向内河航运、沿海航运和国际航海等水上客运部门或企业购买的交通服务。水运交通服务所提供的交通工具包括普通客轮、豪华客轮、客货混装轮船和气垫船等。每种轮船分别设有各种不同舱位，供不同类型的乘客选用。水运交通服务主要分为四种，即远程定期班轮服务、海上短程轮渡服务、游船服务和内河客轮服务。

（二）船票

船票分普通船票和加快船票，又分成人票、儿童票（1.2～1.5米的儿童）和残障军人优待票。1.2米以下儿童免费乘船旅行，一个成人只能带一名免费儿童。乘同一船名、航次、起讫港10人以上的团体可凭介绍信购买或预订团体票。乘船人遗失船票的，经核实其身份信息后，水路旅客运输经营者或者其委托的船票销售单位应当免费为其补办船票。

（三）行李

1. 随身携带行李

乘坐沿海和长江客轮，游客可携带免费行李20千克，持儿童票和免费票儿童可带15千克；每件行李的体积不超过0.2立方米，长度不超过1.5米，杆状物品不超过2米。乘坐其他内河客轮，免费携带的行李分别为20千克和10千克。旅客可携带下列物品乘船：气体打火机5个，安全火柴20小盒，不超过20毫升的指甲油，100毫升以内的香水，300毫升以内的空气清新剂。

2. 禁止携带和托运的物品

法令限制运输的物品：有臭味、恶腥味的物品，能损坏、污染船舶和妨碍其他游客的物品，易爆品、易燃品、腐蚀性物品、有毒物品、杀伤性物品以及放射性物品。

第五节　其他相关知识

一、货币知识

（一）外汇

1. 外汇的概念

外汇是指以外币表示的可用于国际结算的一种支付手段，包括外国货币（钞票、铸币等）、外币有价证券（政府公债、国库券、公司债券、息票等）、外币支付凭证（票据、银行存款凭证等）以及其他外汇资金。

2. 我国的外汇政策

我国对外汇实行国家集中管理、统一经营的方针。在中国境内，禁止外汇流通、使用、质押，禁止私自买卖外汇，禁止以任何形式进行套汇、炒汇、逃汇。

3. 货币兑换

海外游客来华时携入的外汇和票据金额没有限制，但数额大时必须在入境时据实申报；在中国境内，海外游客可持外汇到中国银行各兑换点（机场、饭店或商店）兑换成人民币。在中国境内能兑换的外币主要有美元 USD、欧元 EUR、英镑 GBP、日元 JPY、澳大利亚元 AUD、加拿大元 CAD、瑞士法郎 CHF、丹麦克朗 DKK、挪威克朗 NOK、瑞典克朗 SEK、新加坡元 SGD、新西兰元 NZD、菲律宾比索 PHP、泰国铢 THB、韩元 KRW、俄罗斯卢布 RUB 以及港币 HKD、澳门元 MOP、新台币 TWD 等。兑换外币后，游客应妥善保管银行出具的外汇兑换证明（俗称"水单"），该证明有效期为 6 个月，游客若在半年内离开中国，而兑换的人民币没有花完，可持护照和水单将其兑换成外币，但不得超过水单上注明的金额。

4. 人民币进入 SDR

SDR 是特别提款权（Special Drawing Right）的英文首字母，SDR 是国际货币基金组织创造的国际储备资产，目前由美元、英镑、欧元和日元组成。中国加入 SDR 意味着人民币真正跻身于全球主要货币之列，人民币作为结算货币将得到更广泛的使用，也将推动人民币成为可兑换、可自由使用的货币。

（二）信用卡

信用卡是银行和其他专门机构为提供消费信用而发给客户在指定地点按照给予的消

费信用额度支取现金、购买货物或支付劳务费用的信用凭证，实际上是一种分期付款的消费者信贷。信用卡是一种电子智能卡，卡上印有信用卡名称、持卡者姓名、持卡者账号及每笔赊购的限额、签字有效期和防伪标记等内容。

信用卡的种类有很多，通常可以按照以下标准划分：按发卡机构，可分为银行卡和非银行卡；按持卡人的资信程度，可分为普通卡、金卡和白金卡；按清偿方式，可分为贷记卡和借记卡；按流通范围，可分为国际卡和地区卡。中国银行的外汇长城万事达卡是国际卡，而人民币万事达信用卡和中国工商银行的牡丹卡都是地区卡。

我国目前主要受理的外币信用卡有维萨卡（Visa Card），总部设在美国旧金山；万事达卡（Master Card），总部设在美国纽约；运通卡（American Express），由美国运通公司及其世界各地的分公司发行；大莱卡（Dinners Club Card），该卡是世界上发行最早的信用卡，由大莱卡国际有限公司统一管理；JCB卡（JCB Card），1981年由日本最大的JCB信用卡公司发行；百万卡（Million Card），由日本东海银行发行；发达卡（Federal Card），由中国香港南洋商业银行发行。

二、保险知识

（一）旅游保险的概念与特点

1. 旅游保险的概念

旅游保险是保险业的一项业务。它是指根据合同的约定，投保人向保险人支付保险费，保险人对于合同约定的在旅游活动中可能发生的事故所造成的人身财产损失承担赔偿保险金的责任。目前，游客报名时所涉及的保险通常有三种，分别是旅行社责任保险、旅游意外保险和交通意外伤害保险。

2. 旅游保险的特点

与其他保险合同相比较，旅游保险具有短期性、强制保险与自愿保险相结合、财产保险与人身保险相结合等特点。

（二）旅游保险的种类

1. 旅行社责任保险

旅行社责任保险是指旅行社根据保险合同的约定，向保险公司支付保险费，保险公司对旅行社在从事旅游业务经营活动中，致使游客人身、财产遭受损害应由旅行社承担的责任，转由承保的保险公司负责赔偿保险金的行为。旅行社责任保险属强制保险。

保险期限：旅行社责任保险的保险期限为一年。

旅行社不承担赔偿责任的情形。

（1）游客参加旅游活动，应当保证自身身体条件能够完成旅游活动。因此在旅游过程中，游客由于自身疾病引起的各种损失或损害，旅行社不承担任何赔偿责任。但是在签约时游客已经声明且为旅行社接受的需要旅行社照顾的情形，旅行社及其工作人员没有尽到应尽的照顾义务的，仍然应当承担赔偿责任。

（2）游客参加旅行社组织的旅游活动，应当服从导游或领队的安排，在旅行过程中注意保护自身和随行的未成年人的安全，妥善保管随身携带的行李、物品。由于游客个人过错导致的人身伤亡和财物损失，以及由此产生的各种费用支出，旅行社不承担赔偿责任。

（3）游客自行终止旅行社安排的旅游行程后，或者没有参加约定的旅游活动而自行活动时，发生的人身、财物损害，旅行社不承担赔偿责任。

2. 旅游意外保险

旅游意外保险，是指旅行社在组织团队旅游时，为保护游客的利益，代游客向保险公司支付保险费，一旦游客在旅游期间发生事故，按合同约定由承保保险公司向游客支付保险金的保险行为。旅游意外保险属自愿保险。旅游意外保险由组团社负责一次性办理，接待旅行社不再重复投保。旅游意外保险的保险费由游客支付。

保险期限：

第一，旅行社组织的入境旅游，旅游意外保险期限从游客入境后参加旅行社安排的旅游行程时开始，直至该旅游行程结束时为止。

第二，旅行社组织的国内旅游、出境旅游，旅游意外保险期限从游客在约定的时间登上由旅行社安排的交通工具开始，直至该次旅行结束离开旅行社安排的交通工具为止。

不承担赔偿责任的情况：

第一，游客自行终止旅行社安排的旅游行程，其保险期限至其终止旅游行程的时间。

第二，游客在中止双方约定的旅游行程后自行旅行的，不在旅游意外保险之列。

旅游意外保险的索赔时效以自事故发生之日起180日内为限。

3. 交通意外伤害保险

交通意外伤害保险也称为交通工具意外伤害保险。它是以被保险人的身体为保险标的，以被保险人作为乘客在乘坐客运大众交通工具期间因遭受意外伤害事故，导致身故、残疾、医疗费用支出等为给付保险金条件的保险，主要包括火车、飞机、轮船、汽车等交通工具。

（1）航空旅客意外伤害保险

航空旅客意外伤害保险简称为航意险，属自愿投保的个人意外伤害保险。此种保险游客可自愿购买一份或多份。其保险期限自游客持保险合同约定航班的有效机票到达机场通过安全检查时起，至游客抵达目的港走出所乘航班的舱门时止（不包括舷梯与廊桥）。在此期间，若飞机中途停留或绕道飞行中，只要被保险人一直跟机行动，其遭受的意外伤害均在保险责任范围内。当被保险人进入舱门后，由于民航原因，飞机延误起飞又让旅客离开飞机，在此期间被保险人遭受的伤害，保险公司也负责。

（2）铁路意外伤害保险

铁路乘意险将保险责任扩展到旅客自持有效乘车凭证实名制验证或检票进站时起，至旅客到达所持乘车凭证载明的到站检票出站时止，即由"车上"扩展到"车上和站内"。成年旅客购买乘意险为3元，最高保障30万元意外身故、伤残保险金和3万元意外医疗费用；未成年人购买乘意险为1元，最高保障10万元意外身故、伤残保险金和1万元意外医疗费用。

（三）旅游保险报案与索赔

1. 及时报案

游客发生意外事故后，应及时向投保的保险公司报案。

2. 收集证据，并妥善保存

导游应提醒当事人收集医院诊断证明、化验单据、意外事故证明等证据。

3. 转院需取得保险公司同意

游客因意外住院后，如需要转回本地医院继续治疗，应事先征得保险公司同意，并要求救治医院出具书面转院报告。

三、卫生常识

（一）骨折

1. 症状与体征

骨折，指骨头或骨头的结构完全或部分断裂。一般骨折，伤者的软组织（皮下组织、肌肉、韧带等）损伤疼痛剧烈，受伤部位肿胀瘀血明显。四肢骨折，可见受伤部位变形，活动明显受阻。若是开放性骨折，折断的骨骼会暴露在伤口处，而闭合性骨折，则皮肤表面无伤口。

2. 处理常识

（1）判断骨折

首先，要考虑伤者受伤的原因，如果是车祸伤、高处坠落伤等原因，一般骨折的可能性很大；其次，要看一下伤者的情况，如伤肢出现反常的活动，肿痛明显，则骨折的可能性很大，如骨折端已外露，肯定已骨折；最后，在判断不清是否有骨折的情况下，应按骨折来处理。

（2）止血

如出血量较大，应以手将出血处的上端压在邻近的骨突或骨干上或用清洁的纱布、布片压迫止血，再以宽的布带缠绕固定，要适当用力但又不能过紧。不要用电线、铁丝等直径细的物品止血。如有止血带，可用止血带止血，如无止血带可用布带。上肢出血时，止血带应放在上臂的中上段，不可放在下1/3或肘窝处，以防损伤神经。下肢止血时，止血带宜放在大腿中段，不可放在大腿下1/3、膝部或腿上段。上止血带时，要放置衬垫。上止血带的时间上肢不超过1小时，下肢不超过1.5小时。

（3）包扎

对骨折伴有伤口的患者，应立即封闭伤口。最好用清洁、干净的布片、衣物覆盖伤口，再用布带包扎；包扎时，不宜过紧也不宜过松，过紧会导致伤肢缺血坏死，过松则起不到包扎作用，同时也起不到压迫止血的作用。如有骨折端外露，注意不要将骨折端放回原处，应继续保持外露，以免引起深度感染。

（4）上夹板

尽可能保持伤肢固定位置，不要任意牵拉或搬运患者。固定的器材最好用夹板，如无夹板可就地取材用树枝、书本等固定。在没有合适器材的情况下，可利用自身固定，如上肢可固定在躯体上，下肢可利用对侧固定，手指可与邻指固定。

（二）蛇咬伤和毒虫蜇伤

1. 被毒蛇咬伤的处理常识

在旅游途中如果不幸有游客被毒蛇咬伤，导游应该马上进行紧急处理，处理得越快越早，效果就越好。

①导游要让伤者冷静下来，千万不要走动。被毒蛇咬伤后，如果跑动或有其他剧烈动作，则血液循环加快，蛇毒扩散吸收也同时加快。

②给伤者包扎伤口。导游应该马上用绳、布带或其他植物纤维在伤口上方超过一个关节处结扎。动作必须快捷，不能结扎得过紧，阻断静脉回流即可，而且每隔15分钟要放松一次，以免组织坏死。然后用手挤压伤口周围，将毒液挤出，等伤口经过清洗、排毒，再经过内服外用有效药物半小时后，方可去除包扎。

③帮助伤者冲洗伤口。用清水冲洗伤口的毒液，以减少吸附。有条件的话用高锰酸钾溶液冲洗伤口，这样效果更好。

④扩大伤口排毒。用小刀按毒牙痕的方向切纵横各1厘米的十字形口，切开至皮下即可，再设法把毒素吸出或挤出。一直到流血或吸出的血为鲜红色为止，或者局部皮肤由青紫变成正常为止。在不切开伤口的前提下，可努力破坏蛇毒，使其失去毒性。

⑤用凉水浸祛毒素。帮助伤者将伤口置于流动的水或井水中，同时清洗伤口。

⑥进行初步处理后，应及时送伤者去医院治疗。

2. 被毒虫蜇伤的处理常识

（1）蝎子蜇伤

蝎子伤人会引起伤者局部或者全身的中毒反应，还会出现剧痛、恶心、呕吐、烦躁、腹痛、发烧、气喘，重者可能出现胃出血，甚至昏迷，儿童可能因此而中毒死亡。蝎子伤人的急救方法与毒蛇咬伤的处理方法大致相同。不同之处是由于蝎子毒是酸性毒液，冲洗伤口时应该用碱性肥皂水反复冲洗，这样可以中和毒液，然后再把红汞涂在伤口上。如果游客中毒严重，导游应该立即送其去医院抢救。

（2）蜈蚣刺伤

游客在野外、山地旅游或露天扎营过夜时，有可能被蜈蚣刺伤，刺伤后一般有红肿热痛现象，可发生淋巴管炎和淋巴结炎。严重中毒时会出现发烧、恶心、呕吐、眩晕、昏迷。一般来说，出现这种情况对成人无生命危险，但儿童可能会中毒死亡。蜈蚣毒同蝎毒一样是酸性毒液，可用肥皂水或石灰水冲洗中和，然后口服蛇药片，对较轻的蜈蚣刺伤，可用牛鼻上的汗水涂擦伤口，或剪下一撮受伤者的头发烧着后烟熏伤口，均有不错的疗效。

四、安全常识

（一）高原旅游安全知识

高原一般是指地势在海拔 2700 米左右高度的地区。由于到达这一高度时，气压低、空气干燥、含氧量少，人体会产生高原反应。

1. 症状与体征

高原反应即急性高原病，是人到达一定海拔高度后，身体为适应因海拔高度而造成的气压低、含氧量少、空气干燥等的变化，而产生的自然生理反应，海拔高度一般达到 2700 米左右时，就会有高原反应。在进入高原后，如果出现了下列症状，应考虑已经发生高原反应。

①头部剧烈疼痛、心慌、气短、胸闷、食欲不振、恶心、呕吐、口唇指甲发绀。

②意识恍惚，认知能力骤降。主要表现为计算困难，在未进入高原之前做一道简单的加法题，记录所用时间，在出现症状时，重复做同样的计算题，如果所用时间比原先延长，说明已经发生高原反应。

③出现幻觉，感到温暖，常常无目标地跟随在他人后面行走。

2. 处理常识

①在高原上动作要缓，尤其是刚刚到达的时候要特别注意，不可疾速行走，更不能跑步或奔跑，也不能做体力劳动。

②不可暴饮暴食，以免加重消化器官负担，不要饮酒和吸烟，多食蔬菜和水果等富含维生素的食品，适量饮水，注意保暖，少洗或不洗澡以避免受凉感冒和消耗体力。

③进入高原后要不断少量喝水，以预防血栓。一般每天需补充4000毫升液体。因湿度较低，嘴唇容易干裂，除了喝水，还可以外用润唇膏改善症状。

④学会腹式呼吸，即在行走或攀登时将双手置于臀部，使手臂、锁骨、肩胛骨及腰部以上躯干的肌肉作辅助呼吸，以增加呼吸系统的活动能力。

⑤尽量避免将皮肤裸露在外，可以戴上防紫外线的遮阳镜和撑遮阳伞，在可能暴露的皮肤上涂上防晒霜。

⑥高原反应容易导致失眠，可以适当服用安定保证睡眠，以及时消除疲劳，保证旅游顺利进行。

（二）沙漠旅游安全知识

①行前导游应了解当地的有关情况，如气候、植被、河流、村庄、道路等，规划好旅游线路，在确保安全的情况下制定出可行的旅游方案。

②告知游客在出发前穿上防风沙衣服和戴上纱巾，脸上搽上防晒霜，戴太阳镜和遮阳帽，穿上轻便透气的高帮运动鞋，以防风沙。

③告知游客在沙漠旅游中不要走散，一旦走散后迷失了方向，不要慌张，也不要乱走，应在原地等待救援。

④若在沙漠旅游中遇到沙暴，要带领游客避开风的正面，千万不要到沙丘背风坡躲避，否则有被沙暴掩埋的危险。

（三）冰雪旅游安全知识

①在滑雪前，导游应告知游客穿戴好滑雪服，滑雪服最好选用套头式，上衣要宽松，以利滑行动作；衣物颜色最好与雪面白色有较大反差，以便他人辨认和避免相撞；佩戴好合适的全封闭保护眼镜，避免阳光反射及滑行中冷风对眼睛的刺激。

②在滑雪前，导游还应告知游客做好必要的防护措施，如检查滑雪板和滑雪杖有无折裂的地方，固定器连接是否牢固，选用油性和具有防紫外线作用的防护用品，对易受冻伤的手脚、耳朵做好保护措施等。

③进入滑雪场后，导游应叮嘱游客严格遵守滑雪场的有关安全管理规定，向滑雪场

工作人员了解雪道的高度、坡度、长度和宽度及周边情况，告知游客根据自己的滑雪水平选择相应的滑道，注意循序渐进，量力而行，要按教练和雪场工作人员的安排和指挥去做，不要擅自到技术要求高的雪区去滑雪；注意索道开放时有无人看守，若没有人看守，切勿乘坐。

④告知游客在滑雪过程中，要注意与他人保持一定的距离，不要打闹，以免碰撞；滑雪人数较多时，应调节好速度，切勿过快过猛。

（四）漂流安全知识

①在上船之前，导游应告知游客不要身带现金和贵重物品，仔细阅读漂流须知，听从工作人员安排，穿好救生衣，根据需要戴好安全帽。

②告知游客在水上漂流中不要做危险动作，不要打闹，不要主动去抓水上的漂浮物和岸边的草木石头，不要自作主张随便下船。

③告知游客漂流中一旦落水，千万不要惊慌失措，因为救生衣的浮力足以将人托浮在水面上，静心等待工作人员和其他游客前来救援。

（五）研学旅行安全知识

研学旅行的对象是学生，研学旅行是以提升其素质为教学目的，依托旅游吸引物等社会资源，进行体验式教育和探究性学习的一种教育旅游活动，有助于促进参与对象自理能力、创新能力和实践能力的提升。

研学旅行产品按照资源类型分为知识科普型、自然观赏型、体验考察型、励志拓展型、文化康乐型。

知识科普型：主要包括各种类型的博物馆、科技馆、主题展览、动物园、植物园、历史文化遗产、工业项目、科研场所等资源；

自然观赏型：主要包括山川、江、湖、海、草原、沙漠等自然景观资源；

体验考察型：主要包括农庄、实践基地、夏令营营地或团队拓展基地等资源；

励志拓展型：主要包括红色教育基地、大学校园、国防教育基地、军营等资源；

文化康乐型：主要包括各类主题公园、演艺影视城等资源。

1. 研学活动开展前注意事项

①导游应结合研学活动学校的实际情况，协助活动学校制定研学旅行安全应急预案，明确应急事故处理程序和方式。

②为确保研学活动安全，导游应配合活动学校成立安全工作组，工作组包括但不限

于人员清点组、交通安全组、饮食安全组、住宿安全组、活动安全组、医疗后勤组、宣传统筹组等,并明确各小组具体分工、责任人与职责。

③导游应在研学活动开展前到活动学校,召开研学旅行活动行前说明会,提供安全防控教育知识读本,对学生进行行前安全教育。

④导游应提前熟悉研学旅行活动的地点,进行实地勘查,制定安全合理的活动路线和方案,以确保活动安全。

⑤导游应以安全、卫生和舒适为基本要求,提前对住宿营地进行实地考察,并提前将住宿营地相关信息告知学生和家长,以便做好相关准备工作。

2. 研学旅行中的导游讲解服务

①讲解服务应符合《导游服务规范》。

②讲解中应将安全知识、文明礼仪作为重要内容,随时提醒、引导学生安全旅游、文明旅游,例如:上车时请自觉排队,不要拥挤;上车后及时系好安全带,靠走道的同学请放下座椅把手;车辆行驶途中不得擅自离开座位、在走道上随意走动,不要把头、手伸出窗外;在车上不得大声喧哗,随时保持车上卫生;住宿时,不要在夜间或自由活动时自行外出,出行前须告知导游;洗澡时,注意防滑,不要嬉戏,调好水温,防止烫伤,不要贪图一时凉快用冷水洗澡;不要触摸电器线路板、插座等带电设施;晚上按时就寝,锁好房门,不要让陌生人进入房间;用餐时要在统一安排的餐厅就餐,不乱吃小吃摊上的东西,以防生病;游览时,要跟着导游的路线走,认真听讲解,记住自己乘坐的车号,以免跟错团,一旦脱团要在原地等候,等待导游或老师返回寻找,或拨打胸卡上的老师或导游的电话。

③导游应结合教育服务要求和讲解对象年龄小、文化水平较低、活泼好动、喜好新事物的特点,提供有针对性、互动性、趣味性、启发性和引导性的讲解服务。

3. 研学活动进行中的注意事项

①导游需加强交通服务环节的安全防范,向学生宣讲交通安全知识和紧急疏散要求,组织学生有序乘坐交通工具,在承运过程中随机开展安全巡查工作,并在学生上、下交通工具时清点人数,避免出现滞留或走失。

②入住研学营地时,导游应详细告知学生入住注意事项,宣讲住宿安全知识,带领学生熟悉安全通道,根据制定的住宿安全管理制度,开展巡查、夜查工作。

③导游应提前制定就餐座次表,组织学生有序就餐,在学生用餐时做好巡查工作,确保餐饮服务质量,并督促餐饮服务提供方按照有关规定,做好食物留样工作。

④导游要认真组织、有序开展研学活动。活动中导游应将安全知识作为导游讲解服

务的重要内容,并通过各种形式加强对学生的安全教育,以提高学生的安全防范意识,让学生掌握自护、自救、互救安全防范的知识和本领。

⑤活动结束后导游要组织学生在规定的地点按时集中,认真清点人数上报,组织学生有序上车,与跟班老师随车回校,待学生家长接到学生后方能离开。

⑥在带团中,如有学生生病或受伤,应及时将其送往医院或急救中心治疗,并妥善保管就诊医疗记录。返程后,应将就诊医疗记录复印并转交给家长或带队老师。

参考文献

[1] 张建国. 导游服务 [M].2 版. 北京：高等教育出版社，2022.

[2] 董朝霞，沈世忠. 旅游地理 [M]. 北京：高等教育出版社，2022.

[3] 刘玉婷，黄梅，郑玮. 导游实务 [M]. 哈尔滨：哈尔滨工程大学出版社，2022.

[4] 安乐，熊玲玲，王璞. 导游业务 [M]. 重庆：重庆大学出版社，2022.

[5] 黄玉理，王玉琼. 导游业务 [M]. 成都：西南交通大学出版社，2022.

[6] 朱宁. 英语导游服务能力问与答 [M]. 北京：旅游教育出版社，2021.

[7] 熊剑平，卢丽蓉，蒋永业. 金牌导游的成功之道 [M]. 北京：中国旅游出版社，2021.

[8] 王丽华，谢彦君. 中国旅游协会推荐教材旅游管理专业新视野教材旅游服务礼仪 [M].3 版. 北京：中国旅游出版社，2021.

[9] 郭学英，蔡慧. 实用旅游英语听说教程 [M].2 版. 北京：旅游教育出版社，2021.

[10] 郑娜. 导游语言技巧与服务艺术探究 [M]. 北京：冶金工业出版社，2020.

[11] 代玉岩，王晓欢. 导游业务实训教程 [M]. 北京：首都经济贸易大学出版社，2019.

[12] 仲涛，马萍，王玲. 职业教育旅游服务与管理专业系列教材导游业务 [M]. 大连：大连海事大学出版社，2019.

[13] 李琴，陈万军，贺正柏. 职业教育旅游服务与管理专业系列教材全国导游基础知识 [M]. 大连：大连海事大学出版社，2019.

[14] 高媛，李韵. 导游实务 [M]. 成都：电子科技大学出版社，2019.

[15] 王雁. 模拟导游 [M]. 青岛：中国海洋大学出版社，2019.

[16] 张岚. 导游业务 [M]. 北京：北京理工大学出版社，2019.

[17] 廖广莉. 导游词创作和讲解技巧 [M]. 天津：天津大学出版社，2019.

[18] 王焱. 旅游服务礼仪 [M]. 吉林：吉林出版集团股份有限公司，2019.

[19] 刘德鹏. 旅游服务语言的艺术、技巧与应用 [M]. 北京：中国旅游出版社，2019.

[20] 刘国强，杨叶飞，张晓惠.导游服务质量评价体系构建研究 [M].北京／西安：世界图书出版公司，2018.

[21] 王伟民，吴本南.英语导游服务能力问与答 [M].北京：旅游教育出版社，2018.

[22] 黄恢月.导游领队服务法律指引 [M].北京：中国旅游出版社，2018.

[23] 邢伟凤.地陪导游服务 [M].北京：中国书籍出版社，2018.

[24] 刘书葵.导游心理服务策略 [M].太原：山西科学技术出版社，2018.

[25] 李盼，梁焰.导游业务 [M].成都：西南交通大学出版社，2018.

[26] 彭惠林，谭波，杨征.导游业务与技巧 [M].北京／西安：世界图书出版公司，2018.

[27] 孙斐，葛益娟.导游实务 [M].大连：东北财经大学出版社，2018.

[28] 殷开明.导游实务含微课 [M].镇江：江苏大学出版社，2018.

[29] 柳兵，印杨，陈艳兰.导游情景英语 [M].北京：旅游教育出版社，2018.

[30] 刘霞，杨媛媛.导游服务礼仪规范 [M].重庆：重庆大学出版社，2017.

[31] 王俊峰，代玉岩，徐琳瑞.职业能力标准咖啡师、导游员、讲解员、旅游服务与管理员 [M].大连：东北财经大学出版社，2017.

[32] 杨媛媛.导游业务 [M].重庆：重庆大学出版社,2017.

[33] 蔡展，郭艳辉，蒋碧琼.导游服务与技能训练 [M].长春：吉林大学出版社，2017.

[34] 陶汉军，熊剑平.导游业务 [M].北京：中国旅游出版社，2017.